ORTHOPÄDISCHES FORSCHUNGSINSTITUT (OFI) [Hrsg.]

Münsteraner Sachverständigengespräche

T0155942

ORTHOPÄDISCHES FORSCHUNGSINSTITUT (OFI) [Hrsg.]

Münsteraner Sachverständigengespräche

Arzthaftungsrecht

Mit Beiträgen von
A. Bernau, H. Fenger, W. Frahm, P. Heeg,
J. Jaklin, U. Liljenqvist, G. Möllenhoff,
M. Schilgen, T. L. Schulte, F. Schröter,
J. Steinbeck, K.-A. Witt, K. Wörtler

STEINKOPFF
DARMSTADT

ORTHOPÄDISCHES FORSCHUNGSINSTITUT (OFI)
DÜSSELDORF, HAMBURG, MÜNSTER, SCHWERIN UND STUTTGART
p/a Von-Vincke-Straße 14, 48143 Münster

ISBN-10   3-7985-1616-2 Steinkopff Verlag Darmstadt
ISBN-13   978-3-7985-1616-8 Steinkopff Verlag Darmstadt

Bibliografische Information der Deutschen Nationalbibliothek
Die Deutsche Nationalbibliothek verzeichnet diese Publikation in der
Deutschen Nationalbibliografie; detaillierte bibliografische Daten
sind im Internet über http://dnb.d-nb.de abrufbar.

Steinkopff Verlag Darmstadt
ein Unternehmen von Springer Science+Business Media

www.steinkopff.springer.de

© Steinkopff Verlag Darmstadt 2007

Umschlaggestaltung: Erich Kirchner, Heidelberg
Herstellung: Klemens Schwind
Satz: K+V Fotosatz GmbH, Beerfelden

SPIN 11736127   105/7231-5 4 3 2 1 0 – Gedruckt auf säurefreiem Papier

Vorwort

Bei dem aktuellen 5. Münsteraner Sachverständigengespräch
setzten sich Juristen und Mediziner mit dem Thema Arzthaftungsrecht auseinander. In der Orthopädie häufig auftretende,
arzthaftungsrechtlich relevante Themen wurden erarbeitet.

Einleitend wurde zur Fragestellung aus richterlicher und aus
anwaltlicher Sicht Stellung bezogen. Ein Referat beschäftigte
sich auch mit der Prophylaxe von Arzthaftungsfällen aus juris-
tischer Sicht. In einem einleitenden Referat wurde auch aus
medizinischer Sicht die Rolle des ärztlichen Sachverständigen
erörtert. Die dann folgenden Themen betrafen die bildgebende
Diagnostik, wobei aus radiologischer Sicht sowohl falsch negative als auch falsch positive Befunde und andere Fehlerquellen
dargestellt wurden. Im Weiteren wurden Fragen zu den Folgen
konservativer und operativer Therapien erörtert. Dabei wurden
häufig anzutreffende Fragen auf dem Gebiet der Manualmedizin
diskutiert. Diese betrafen insbesondere Komplikationen der
manualtherapeutischen Eingriffe, wie Gefäßdissektionen und
Bandscheibenvorfälle.

Zum Thema Gelenkinjektionen wurden Indikationen und Patientenaufklärung sowie Durchführung der Injektion als zentrale Punkte erörtert. Hinsichtlich der wirbelsäulennahen Injektionen wurden sowohl die verschiedenen Injektionstechniken, die
zur Anwendung kommenden Medikamente und die Anforderungen an die Umgebungsbedingungen als auch Komplikationsmöglichkeiten und Aufklärung dargestellt.

In den Referaten zur arthroskopischen Chirurgie wurden Komplikationen arthroskopischer Operationen im Allgemeinen und
jeweils das Knie-, Schulter-, Ellenbogen- und Sprunggelenk be-
treffend diskutiert. Nicht nur arthroskopische Verfahren wurden
im Bereich der operativen Therapie abgehandelt, sondern auch
die Endoprothetik, und zwar hier exemplarisch das Hüftgelenk.

Wie in den vergangenen Jahren wurden an die Inhalte der Veranstaltung und somit an die Referate im Wesentlichen zwei Anforderungen gestellt: zum einen, dass die Beiträge den aktuellen Stand der Wissenschaft berücksichtigen und zum anderen, dass die Themen aus verschiedenen Blickwinkeln, d. h. interdisziplinär, angegangen werden. Es wurde wiederum auch eine Interaktion durch eine ausführliche Diskussion der Beiträge zwischen den Referenten und zwischen den Referenten und der Zuhörerschaft ermöglicht.

In bewährter Form wurden die Referate in dieser Buchpublikation zusammengestellt, wobei die wichtigsten Diskussionsfragen und die Beantwortung durch die betreffenden Referenten berücksichtigt wurden.

Münster, im November 2006   W. H. M. CASTRO
                                             M. F. HEIN
                                             I. MAZZOTTI

Inhaltsverzeichnis

1. Arzthaftung in der Orthopädie aus richterlicher Sicht 1
   W. Frahm

2. Haftung in der Orthopädie aus Sicht des Rechtsanwalts 9
   H. Fenger

3. Prophylaxe von Arzthaftpflichtfällen 22
   J. Jaklin

4. Selbstverständnis und Disziplin des ärztlichen Sachverständigen
   im Arzthaftpflichtverfahren 28
   F. Schröter

5. Radiologische Diagnostik des Bewegungsapparats –
   Limitationen und Fehlerquellen 48
   K. Wörtler

6. Relevante Arzthaftpflichtfragen in der Manuellen Medizin . . 58
   M. Schilgen

7. Komplikationsmöglichkeiten und Aufklärungsproblematik
   bei wirbelsäulennahen Injektionen im Bereich
   der Lendenwirbelsäule 70
   T. L. Schulte, U. Liljenqvist

8. Arzthaftung bei Infektion nach Gelenkinjektion 92
   A. Bernau, P. Heeg

9. Arthroskopische Chirurgie – Goldstandard? 102
   K.-A. Witt, J. Steinbeck

10. Operative Risiken und Haftungsgefahren
    der Endoprothetik des Hüftgelenks 109
    G. Möllenhoff

Sachverzeichnis 117

Autorenverzeichnis

Prof. Dr. ANDREAS BERNAU
Facharzt für Orthopädie
Walter Simon Straße 12
72072 Tübingen

Dr. jur. HERMANN FENGER
Rechtsanwalt und Notar
Frauenstraße 31
48143 Münster

WOLFGANG FRAHM
Richter am Oberlandesgericht
Schleswig-Holsteinisches
Oberlandesgericht
Gottorfstraße 2
24837 Schleswig

Prof. DR. PETER HEEG
Institut für Medizinische Mikro-
biologie und Krankenhaushygiene
Universitätsklinikum Tübingen
Elfriede-Aulhorn-Straße 6
72076 Tübingen

JOHANNES JAKLIN
Rechtsanwalt
ECCLESIA
Versicherungsdienst GmbH
Klingenbergstraße 4
32758 Detmold

Prof. Dr. med.
ULF LILJENQVIST
Klinik und Poliklinik
für Allgemeine Orthopädie
Universitätsklinikum Münster
Albert-Schweitzer-Straße 33
48149 Münster

Priv.-Doz. Dr. med.
GUNNAR MÖLLENHOFF
Chefarzt der Abteilung Unfall-
chirurgie/Physikalische Therapie
Raphaelsklinik Münster GmbH
Klosterstraße 75
48143 Münster

Dr. med. MARKUS SCHILGEN
Leitender Arzt der Akademie
für Manuelle Medizin
an der Westfälischen Wilhelms-
Universität Münster
Von-Esmarch-Straße 56
48149 Münster

Dr. med. FRANK SCHRÖTER
Arzt für Orthopädie/Sozialmedizin
Institut für
Medizinische Begutachtung
Landgraf-Karl-Straße 21
34131 Kassel

Dr. med. TOBIAS L. SCHULTE
Klinik und Poliklinik
für Allgemeine Orthopädie
Universitätsklinikum Münster
Albert-Schweitzer-Straße 33
48149 Münster

Prof. Dr. med. JÖRN STEINBECK
Orthopädische Praxis/Praxisklinik
Von-Vincke-Straße 14
48143 Münster

Dr. med. KAI-AXEL WITT
Facharzt für Orthopädie/
Sportmedizin
Orthopädische Praxis/Praxisklinik
Von-Vincke-Straße 14
48143 Münster

Priv.-Doz. Dr. med.
KLAUS WÖRTLER
Institut für Röntgendiagnostik
Technische Universität München
Ismaninger Straße 22
81675 München

1 Arzthaftung in der Orthopädie aus richterlicher Sicht

W. FRAHM

Während der Rechtsanwalt einen Arzthaftungsfall schon recht frühzeitig „begleitet", also am besten schon wenn das Vorliegen eines Arztfehlers behauptet wird oder behauptet werden soll, beginnt die zivilrichterliche Tätigkeit regelmäßig erst recht spät, nämlich zumeist mit der Einreichung einer gegen den Arzt und/oder den Krankenhausträger gerichteten Klage des Patienten, oft nachdem Anspruchsschreiben und Ablehnungsschreiben gewechselt, Gutachten der Schlichtungsstelle eingeholt und schlimmstenfalls staatsanwaltschaftliche Ermittlungen durchgeführt worden sind.

Es stellen sich uns im Arzthaftungsprozess dann oft eine Vielzahl von Fragen, z.B.:

- Haftet bei einem Fehler des einen Arztes auch der andere Arzt der Gemeinschaftspraxis?

  Dies ist zu bejahen, wenn die Ärzte nicht nur in loser räumlicher Gemeinschaft, sondern nach außen hin als Einheit auftreten – so mit gemeinsamer Einrichtung, Organisation, Abrechnung[1].

- Kann der Patient bei fehlerhafter Behandlung neben Schadensersatz auch das Arzthonorar zurückfordern?

  Nein, es sei denn es liegt eine besonders grobe Pflichtverletzung des Arztes vor[2].

- Haftet der Belegarzt auch für Fehler des ihm zugeteilten ärztlichen Krankenhauspersonals?

  Es kommt darauf an: So haftet nicht er, sondern der Krankenhausträger bei nicht auf Veranlassung des Belegarztes oder nicht in dessen Fachgebiet tätig werdenden Ärzten (so z.B. beim Tätigwerden des Anästhesisten in der Operation des Belegarztes)[3].

- Es stellen sich schließlich auch folgende Fragen: Hat der Krankenhausträger den ärztlichen Kontakt mit dem Patienten oder die Koordination zwischen den Ärzten im Vorfeld ordnungsgemäß geregelt; ist z.B. geregelt, dass dem Anfänger ein Facharzt bei der Operation zur Seite steht

---

[1] BGH, NJW 1999, 2731.
[2] Frahm/Nixdorf, Arzthaftungsrecht, 3. Aufl. 2005, Rn. 237 mwN.
[3] Näher Frahm/Nixdorf a.a.O. Rn. 53.

bzw. dieser greifbar ist? Wie ist die Überwachung von Berufsanfängern organisiert?[4]

In der Hauptsache geht es bei der Arzthaftung um zwei große Problembereiche:
■ Liegt ein Behandlungsfehler im klassischen Sinn vor?
■ Hat der Arzt die ihm obliegende Aufklärungspflicht verletzt?

Behandlungsfehler

■ Medizinischer Standard

Ob ein Fehler in der Diagnose, Befundung und schließlich in der Durchführung des ärztlichen Eingriffs vorliegt, also ob gegen den ärztlichen Standard (der nicht durch das medizinisch Machbare, sondern auch durch Wirtschaftlichkeitserwägungen geprägt sein muss[5]) verstoßen worden ist, kann regelmäßig nur von einem Sachverständigen beantwortet werden, den wir im Arzthaftungsprozess regelmäßig zu Rate ziehen.

So haben wir uns in letzter Zeit erläutern lassen: Es muss keinen Behandlungsfehler darstellen, es ist also u. U. schicksalhaft:
■ wenn sich eine Fixationsklammer des plastischen Kreuzbandersatzes löst,
■ dass der Arzt bei Knieschmerzen eines zwölfjährigen Jungen nicht an ein mögliches Hüftkopfgleiten (Epiphysiolysis capitis femoris) denkt,
■ dass durch eine unsachgemäße Nachuntersuchung (hier Überstreckung des Knies) eine vordere Kreuzbandplastik aus Korbon zerreißt.

■ Dokumentation

Eine wichtige Bedeutung bei unserer Beurteilung eines Falles und auch der Auswertung durch den Gutachter hat die ärztliche und pflegerische Dokumentation, die wir stets im Original anfordern, weil sie oft der Schlüssel zur Lösung des Falles ist[6].

Ist eine aus medizinischer Sicht erforderliche Dokumentation (etwa über eine Untersuchung) nicht erstellt worden, kann es sein, dass sich damit die Beweislage des Arztes rapide verschlechtert; ggf. ist sogar für den Rechts-

---

[4] Vgl. BGH, NJW 1998, 2736.
[5] Vgl. Steffen, MedR 1995, 190: Ressourcengrenzen werden an den zivilrechtlichen Haftungsmaßstab weiter zu geben sein, nicht jedoch, wenn gesetzgeberische Einschnitte die ärztliche Gesamtvergütung betreffen, ohne den ärztlichen Behandlungsauftrag zu modifizieren.
[6] Zum Einsichtsrecht des Patienten: Gehrlein, NJW 2001, 2773.

streit davon auszugehen, dass der zu dokumentierende Schritt nicht vorgenommen worden ist – mit der Folge, dass der Arzt deshalb haftet.

▪ Indikation

Nicht nur die „handwerklichen" Fehler des Arztes während des Eingriffs spielen im Arzthaftungsrecht eine Rolle, sondern auch die Frage, ob der ärztliche Eingriff überhaupt indiziert war, also ob die Entscheidung über das Ob des Eingriffs sachgerecht war.

Dazu folgendes Beispiel aus unserer Rechtsprechung: Es war von dem Arzt die Indikation einer Versteifungsoperation (Versteifung des oberen und des unteren Sprunggelenks) bei kontraktem Lähmungs-Spitz-Klumpfuß als Folge einer 2½ Jahre zurückliegenden Verletzung des N. peronaeus getroffen worden. Hier stellte sich nun die Frage, ob erst eine mögliche Regeneration dieses Nervs hätte weiter abgewartet werden müssen.

Nach dem Sachverständigengutachten war ein Abwarten in diesem Fall nicht angezeigt, gerade im Hinblick auf die verstrichene Zeit und die bereits eingetretenen Lähmungserscheinungen.

Aufklärung

Es sind drei Arten von ärztlicher Aufklärung zu unterscheiden:

▪ Wirtschaftliche Aufklärung

Die Pflicht zur wirtschaftlichen Aufklärung[7] bedeutet, dass der Arzt verpflichtet sein kann, den Umfang der Behandlungskosten, also insbesondere die Erstattungsfähigkeit durch den Krankenversicherer mit dem Patienten zu besprechen. Verletzt er eine solche Pflicht, läuft er z.B. Gefahr, auf sein Honorar verzichten zu müssen.

Mit diesem Nebengebiet der Haftung brauchen wir uns hier wegen der geringen praktischen Bedeutung aber nicht weiter zu befassen.

▪ Therapeutische Aufklärung

Wichtiger ist demgegenüber die so genannte therapeutische Aufklärung[8]. Hier hat der Arzt durch begleitende Hinweise den Erfolg der medizinischen Behandlung sicherzustellen und Gefährdungen zu verhindern, also z.B. durch die Aufklärung des Patienten über notwendige Verhaltensmaßregeln

---

[7] Näher: Schelling, MedR 2004, 1604.
[8] Näher: Frahm/Nixdorf a.a.O. Rn.100 ff.

(etwa: der Patient soll das Bein zur Thromboseprophylaxe etwas belasten[9])
oder z.B. durch den Hinweis auf neue alarmierende Untersuchungsergeb-
nisse, über die der Arzt den Patienten natürlich aufzuklären hat oder durch
den Hinweis auf eine medizinisch bedingte Fahruntüchtigkeit der gerade
verabreichten Medikation[10].

Ein vom Patienten zu beweisender Verstoß führt dann zur Haftung des
Arztes für die nachteiligen Folgen der Unterlassung dieser gebotenen Aufklärung.

■ Eingriffs- und Risikoaufklärung

In fast jedem unserer Arzthaftungsprozesse spielt aber eine weitere Aufklärungspflicht eine noch wichtigere Rolle, nämlich die Pflicht zur sog. Ein-
griffs- und Risikoaufklärung. So wird die Rüge des Patienten im Prozess,
er sei über Näheres zum Eingriff, insbesondere über die Risiken des Eingriffs vorab nicht richtig aufgeklärt worden, häufig als zweites Standbein
der Arzthaftungsklage benutzt – und z.T. zu Recht, da auch heute noch oft
Aufklärungsmängel festzustellen sind.

Stützt sich der Patient auf den Vorwurf der Aufklärungspflichtverletzung,
kann dies von Vorteil für ihn sein, denn:

Während bei der Frage, ob ein Behandlungsfehler oder ein Fehler bei
der therapeutischen Aufklärung vorliegt, *der Patient* grundsätzlich die Beweislast dafür trägt, dass ein solcher Behandlungsfehler geschehen ist und
die nun eingetretene gesundheitliche Beeinträchtigung gerade auf diesem
Behandlungsfehler beruht[11], muss der Patient zwar bei dem Vorwurf der
Verletzung der Risikoaufklärung auch beweisen, dass die Gesundheits-
beeinträchtigung auf dem ärztlichen Handeln beruht; es trägt demgegenüber aber im übrigen *der* Arzt die Beweislast für die ordnungsgemäße Aufklärung, d.h. der Arzt muss beweisen, dass er ordnungsgemäß aufgeklärt
hat. Und dieser Beweis gelingt ihm nicht immer, sodass er möglicherweise
wegen der Verletzung der Pflicht zur Risikoaufklärung für alle negativen
Folgen der Behandlung haftet, obwohl der Eingriff für sich gesehen in vol-
lem Umfang lege artis war.

Der Arzt kann sich natürlich in weiten Teilen absichern, indem er dem
Patienten ein Aufklärungsblatt vorlegt und dieses von ihm unterschreiben
lässt. Aber allein damit steht im Prozess noch nicht fest, ob der Patient
dieses Blatt wirklich gelesen und insbesondere verstanden hat. Ein unter-

---

[9] OLG Bremen, VersR 1999, 1151.
[10] Vgl. Riemenschneider/Paetzold, NJW 1997, 2420; vgl. auch BGH, NJW 2003, 2309.
[11] Zur Beweislastumkehr zu Gunsten des Patienten bei grobem Behandlungsfehler:
BGH, VersR 2004, 909 und VersR 1995, 46: Ein grober Fehler liegt dann vor, wenn
er aus objektiver ärztlicher Sicht nicht mehr verständlich erscheint, weil ein solcher
Fehler dem Arzt schlechterdings nicht passieren darf, so wenn das ärztliche Verhalten gegen gesicherte und bewährte medizinische Erkenntnisse und Erfahrungen verstieß.

schriebenes Aufklärungsblatt reicht also regelmäßig zum Beweis eines – nämlich regelmäßig erforderlichen – Aufklärungsgesprächs[12] allein nicht aus. Besser ist es, im Rahmen dieses Gesprächs das Aufklärungsblatt etwa mit Skizzen, Erläuterungen und dokumentierten Nachfragen des Patienten zu versehen. Dann kann auch der Richter davon ausgehen, dass ein Aufklärungsgespräch tatsächlich stattgefunden hat.

Kann der Arzt das konkrete Aufklärungsgesprächs bzw. dessen Inhalt nicht hinreichend belegen, sind an ihn aber dennoch keine überzogenen Anforderungen zu stellen. Es kann u. U. ausreichen, wenn der Arzt etwa durch eigene Bekundungen oder Aussagen seines nichtärztlichen Personals beweisen kann, dass er Patienten in vergleichbaren Fällen stets auch zu diesem Risiko aufgeklärt hat („Immer-so-Rechtsprechung")[13].

Zu der Frage, worüber durch den Arzt (und nicht etwa durch seine nichtärztliche Hilfsperson[14]) eigentlich aufzuklären ist, spricht die Rechtsprechung von dem Erfordernis einer „Aufklärung im Großen und Ganzen". Dies bedeutet im Einzelnen:

Es ist über eingriffsspezifische Risiken aufzuklären. Das sind Risiken, die speziell dem geplanten Eingriff anhaften und für den Patienten von nicht unerheblicher Bedeutung sind. Negativ ausgedrückt: Ein spezifisches Risiko ist nicht gegeben, wenn es um eine außergewöhnliche, generell nicht voraussehbare Folge des Eingriffs geht, die für den Einwilligungsentschluss des Patienten keine Bedeutung haben kann. Ob das Risiko dem Eingriff spezifisch anhaftet oder ob es außergewöhnlich ist, kann uns im Prozess eigentlich nur der medizinische Sachverständige sagen. In erster Linie kommt es dabei aber nicht auf einen bestimmten Grad der Risikodichte an, sondern darauf, ob das betreffende Risiko bei seiner Verwirklichung die Lebensführung des Patienten besonders belastet. So besteht eine erhöhte Aufklärungspflicht auch und insbesondere dann, wenn der Eintritt des Risikos gerade für diesen Patienten eine besondere Bedeutung hätte (Beispiel: Gefahr der dauerhaften Beeinträchtigung des Fingers des Pianisten oder Chirurgen im Gegensatz zum Finger des Finanzbeamten).

Hier einige Beispiele aus der Rechtsprechung: Es ist aufzuklären:
- ▪ über das Infektionsrisiko bei der Kniegelenkpunktion[15],
- ▪ über das Risiko einer Versteifung der Großzehen durch eine Operation des Hallux valgus nach Hueter/Mayo[16],

---

[12] Nur ausnahmsweise ist ein Aufklärungsgespräch – bei einer Routinebehandlung – nicht erforderlich, nämlich wenn der Patient ein Aufklärungsblatt erhalten und die Möglichkeit zum Gespräch hat und der Arzt nachfragt, ob das Merkblatt gelesen wurde, BGH, NJW 2000, 1784.

[13] Vgl. BGH, VersR 1985, 361; OLG Karlsruhe, MedR 2003, 229.

[14] Vgl. BGH, VersR 1974, 486, 488; überträgt aber der Operateur seine Verpflichtung auf einen anderen Arzt, z. B. den Stationsarzt, ist dagegen nichts einzuwenden, wenn dieser mit den medizinischen Gegebenheiten vertraut ist und die erforderliche Qualifikation aufweist, OLG Karlsruhe, VersR 1997, 241.

[15] BGH, NJW 1994, 2414; OLG Hamm, VersR 2000, 323.

[16] OLG Karlsruhe, MedR 2003, 229.

■ über mögliche Nebenwirkungen des vom Arzt verabreichten Medikaments[17],

■ über das Risiko einer Schädigung des N. ischiadicus bei Einsetzen einer Hüfttotalendoprothese (hier mit Hilfe einer „Robodoc"-Maschine)[18],

■ bei der Bandscheibenoperation über das Querschnittlähmungsrisiko[19] oder

■ bei der Häschenstellung über die Gefahr einer Nervus-ulnaris-Läsion[20].

Nicht aufzuklären ist hingegen z.B. über das Risiko einer psychogenen Querschnittslähmung nach der Bandscheibenoperation[21].

Bei nicht dringlichen Eingriffen[22] (auch Impfungen, Schönheitsoperationen, u.U. bei rein diagnostischen Maßnahmen) besteht eine erhöhte Aufklärungspflicht. Bei der hohen Myelographie ist z.B. auf das seltene Risiko einer dauerhaften Lähmung hinzuweisen[23].

Aufzuklären ist z.B. auch über Behandlungsalternativen, also wenn die möglichen unterschiedlichen Behandlungen (z.B. operative und konservative Behandlung) unterschiedliche Risiken und Erfolgsaussichten bieten. Demgegenüber ist nicht über die rein operationstechnische Seite des Eingriffs aufzuklären, so z.B. über die Auswahl des Nähfadens oder den Zugang des Katheters[24].

Aufzuklären ist auch über vorhersehbare Operationserweiterungen[25]. Stellt sich also während der Operation heraus, dass der Eingriff nicht unerheblich ausgeweitet werden muss und war dies vorhersehbar und hatte der Arzt hierüber nicht aufgeklärt, läuft er Gefahr, für alle nachteiligen Folgen des Eingriffs auch dann zu haften, wenn er behandlungsfehlerfrei arbeitet[26]. Aufklärungsfehler sind allerdings dann unschädlich, führen also nicht zu einer Haftung, wenn z.B.

■ der Eingriff nicht ursächlich für die Gesundheitsschädigung des Patienten ist oder der Patient die Kausalität nicht beweisen kann oder

■ wenn eine hypothetische Einwilligung des Patienten anzunehmen ist[27], d.h. der Arzt kann sich eventuell darauf berufen, der Patient hätte auch bei ordnungsgemäßer Aufklärung in diesen speziellen Eingriff eingewil-

---

[17] OLG Hamburg, VersR 1996, 1537.

[18] LG Frankfurt/Main, GesR 2004, 67.

[19] BGH, NJW 1984, 2629.

[20] BGH, NJW 1985, 2192.

[21] BGH, NJW 1991, 2346.

[22] OLG Oldenburg, VersR 1997, 1493: Arthrotomie mit Freikörperentfernung in der Hüfte bei relativ geringem Beschwerdebild: Risiko einer Nervenverletzung.

[23] BGH, NJW 1995, 2410.

[24] Vgl. OLG Oldenburg, VersR 2000, 191.

[25] BGH, NJW 1989, 1541.

[26] Anders bei nicht vorhersehbarer Operationserweiterung: Hier ist, wenn sich der Eingriff ohne Gefährdung des Patienten nicht vorzeitig beenden lässt, der mutmaßliche Wille des Patienten ausschlaggebend; Frahm/Nixdorf a.a.O.. Rn. 193.

[27] Näher Frahm/Nixdorf a.a.O. Rn. 202f.

ligt. Macht der Patient demgegenüber plausibel, dass er sich im Fall der Aufklärung in einem echten Entscheidungskonflikt zu der Frage befunden hätte, ob er in den Eingriff einwilligen soll oder nicht, entfällt der Einwand der hypothetischen Einwilligung. Dies festzustellen ist im Prozess Sache des Gerichts, und zwar durch eine eingehende persönliche, anwaltlich nicht gefärbte Anhörung des Patienten. Die hierbei gewonnenen Erkenntnisse sind erstaunlich. So kommt es vor, dass in zwei Instanzen über mehrere Jahre über den Vorwurf einer Aufklärungspflichtverletzung prozessiert wird und dann der Patient vor unserem Senat erklärt: „Wenn mir das so erklärt worden wäre, dann hätte ich in den Eingriff dennoch eingewilligt, denn immerhin hatte ich ja Vertrauen zu dem Arzt". Damit entfällt bei nicht wenigen Aufklärungspflichtverletzungen, die bei uns zu Recht gerügt werden, die Haftung des Arztes.

Literatur

1. Steffen E, Dressler W-D (2002) Arzthaftungsrecht, 9. Aufl.
2. Martis R, Winkhart M (2003) Arzthaftungsrecht aktuell. Schmidt Dr. Otto KG
3. Geiß K, Greiner H-P (2001) Arzthaftpflichtrecht, 4. Aufl. CH Beck, München
4. Frahm W, Nixdorf W (2005) Arzthaftungsrecht – Leitfaden für die Praxis, 3. Aufl. Versicherungswirtschaft

Diskussion

? 1. Welche Folgen bringt die Gesetzesänderung zur Haftung der medizinischen Sachverständigen? Wie sind Ihre Erfahrungen von Haftungsfällen?

Die Folgen der zum 1. August 2002 vorgenommenen Gesetzesänderung sind für den Sachverständigen nur gering. Denn der neu eingeführte § 839a BGB, wonach eine unrichtige Begutachtung zur Schadensersatzverpflichtung führen kann, hat einen sehr begrenzten Anwendungsbereich.

▪ So betrifft diese Haftungsnorm nur den von einem Gericht für ein gerichtliches Verfahren ernannten Sachverständigen.

▪ Der Sachverständige haftet außerdem nur wegen vorsätzlich oder grobfahrlässig falschen Gutachtens, also allenfalls, wenn die ihm abverlangte Sorgfalt in besonders schwerem Maß verletzt worden ist.

▪ Die Haftung greift auch nur dann, wenn die gerichtliche Entscheidung gerade auf dem falschen Gutachten beruht.

▪ Und nach § 839a Abs. 3 BGB i. V. m. § 839 Abs. 3 BGB entfällt die Haftung, wenn die durch das unrichtige Gutachten belastete Partei es schuldhaft versäumt hat, gegen die sie benachteiligende gerichtliche Entscheidung ein Rechtsmittel einzulegen.

Meiner Kenntnis nach gibt es in Deutschland bislang auch noch keine veröffentlichte Gerichtsentscheidung, nach der die Haftung des medizinischen Sachverständigen gemäß § 839 a BGB bejaht worden ist.

? 2. Ist es die Aufgabe des medizinischen Sachverständigen, die Frage nach einem groben Behandlungsfehler zu beantworten?

Das Gericht bedient sich des Sachverständigen, um die für die Entscheidung des Falles erforderliche Sachkunde zu erlangen, also gegebenenfalls auch um festzustellen, ob ein Behandlungsfehler des Arztes grob war. Der Sachverständige wird sich also häufig auch zu diesem Thema äußern müssen.

Nun wäre es aber falsch, den Sachverständigen zu fragen, ob er den Fehler des Arztes als grob erachtet. Denn der gerichtliche Maßstab zur Bejahung eines groben Behandlungsfehlers muss dem Sachverständigen erst einmal an die Hand gegeben werden. Dies geschieht regelmäßig, indem dem Sachverständigen die Definition des BGH mitgeteilt wird, wonach ein Fehlverhalten verlangt wird, das nicht aus in der Person des behandelnden Arztes liegenden Gründen, sondern aus objektiver ärztlicher Sicht nicht mehr verständlich erscheint, weil ein solcher Fehler dem Arzt aus dieser Sicht schlechterdings nicht passieren darf und wonach es darauf ankommt, ob das ärztliche Verhalten eindeutig gegen gesicherte und bewährte medizinische Erkenntnisse und Erfahrungen verstieß, um dann die einzelnen Gesichtspunkte mit dem Sachverständigen zu erörtern.

2 Haftung in der Orthopädie aus Sicht des Rechtsanwalts

H. Fenger

Der Schwerpunkt der nachfolgenden Ausführungen liegt im Bereich des Schadenmanagements. Ein Rechtsanwalt, der Kliniken und Ärzte vertritt, wird erst recht spät in einen Schadensfall eingebunden. Die Beauftragung erfolgt regelmäßig durch die hinter ihnen stehende Haftpflichtversicherung. Bis zu diesem Zeitpunkt sind oft Fakten geschaffen worden, die eine Erfolg versprechende Vertretung erheblich beeinträchtigen können. Deshalb ist es wichtig, sich die Ausgangssituation klar zu machen und insbesondere die verschiedenen Möglichkeiten einer rechtlichen Inanspruchnahme des Orthopäden zu kennen. Dabei steht im Vordergrund die Geltendmachung zivilrechtlicher Ansprüche eines Patienten oder dessen Angehörigen auf Schadenersatz und Schmerzensgeld.

Immer mehr an Bedeutung gewinnt die strafrechtliche Verfolgung eines Arztes etwa nach vom Patienten erstatteter Strafanzeige. Letztlich darf nicht übersehen werden, dass auch berufsrechtliche Konsequenzen eintreten können.

Ausgangssituation

Wie in jedem anderen Beruf auch kann einem Orthopäden ein Fehler unterlaufen. Bei einem (vermeintlichen) Fehler sollten folgende persönliche Grundsätze gelten:
- Ruhe bewahren,
- nicht eingeschnappt sein,
- nach Lösungen suchen,
- offenes Gespräch.

Dies ist leicht gesagt, hat jedoch einen tieferen Sinn. Nur wer einen kühlen Kopf bewahrt, kann sicher sein, keine Fehler zu machen.

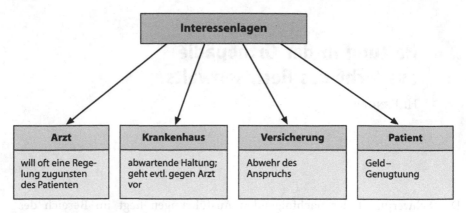

Abb. 2.1. Unterschiedliche Interessenlagen

■ Die Beteiligten und ihre Interessen

In einem Schadensfall bekommt der Arzt unweigerlich Kontakt zu verschiedenen Personen und Institutionen.

Hier stoßen zum Teil ganz unterschiedliche Interessenlagen aufeinander (Abb. 2.1). Patienten und/oder Angehörige verfolgen oft pekuniäre Interessen. Dabei sollte allerdings nicht übersehen werden, dass es einem vermeintlich oder tatsächlich geschädigten Patienten oft um die Genugtuung geht, dass ein von ihm als fehlerhaft angesehenes Verhalten des Arztes von dritter Seite geahndet wird. Das Krankenhaus nimmt manchmal eine abwartende Haltung ein, wenn man etwa einen Schadensfall zum Anlass nehmen will, seinerseits gegen den Arzt vorzugehen. Die hinter dem Arzt und dem Krankenhaus stehende Haftpflichtversicherung reguliert in offenkundigen Fällen rasch und unbürokratisch. Dabei hat die Versicherung einen eigenen Ermessensspielraum, sodass sich deren Beurteilung des Falls nicht immer mit derjenigen des Arztes deckt. Vielfach ist zu beobachten, dass Ärzte eine Regulierung zugunsten des Patienten durch die Versicherung wünschen, was diese wiederum ablehnen. Seit geraumer Zeit ist ferner festzustellen, dass Krankenkassen und Versicherungen Patienten ermutigen, vermeintliche Ansprüche zu verfolgen. Dabei unterstützen sie die Patienten etwa durch Einschaltung des Medizinischen Dienstes oder beauftragte Ärzte. Setzt der Patient erfolgreich Ansprüche durch, setzen die Krankenkassen nach und machen Rückforderungsansprüche geltend. Dies ist wohl eine Art Refinanzierung.

Tabelle 2.1. Überprüfung der Dokumentation

- Bereits diktiertes Band schreiben lassen
- Vollständigkeit prüfen, fehlende Befunde beifügen
- Röntgenunterlagen zusammenstellen
- Spätere, ergänzende Eintragungen zulässig. Sie müssen aber kenntlich gemacht werden (Datum und Unterschrift)
- Kopie der gesamten Krankenakte fertigen

■ Prüfung der eigenen Dokumentation

Die Bedeutung einer vollständigen und korrekten Dokumentation kann gar nicht genug betont werden[1] (Tab. 2.1). Bekanntlich verknüpft die Rechtsprechung bei fehlender oder unvollständiger Dokumentation hieran erhebliche Beweisnachteile zulasten des Arztes[2]. Zwar begründen sie keine eigene Anspruchsgrundlage für den Patienten. Eine lückenhafte Dokumentation kann jedoch zur Umkehr der Beweislast zuungunsten des Arztes führen. Bekanntlich muss der Patient die Kausalität zwischen ärztlichem Handeln und einem eingetretenen Schaden beweisen. Diese Beweislast wird erleichtert oder gar umgekehrt, wenn eine Dokumentation fehlt oder lückenhaft ist. Daher verstehen die sich nachstehenden Grundsätze eigentlich von selbst. Bei einem möglichen Schadensfall sind sie jedoch besonders zu berücksichtigen.

Deshalb muss gerade auch das nichtärztliche Personal immer wieder zur exakten Dokumentierung angehalten und auf deren Einhaltung überprüft werden.

■ Verhalten gegenüber Patient oder Angehörigen

Der Arzt sollte in derartigen Fällen einem Gespräch nicht ausweichen. In vielen Gerichtsverfahren kommt der Ärger eines Patienten zum Ausdruck, der sich durch ein arrogantes Abfertigen seitens des Arztes aufstaute. Hier macht der Ton die Musik. Allerdings darf der Arzt auch nicht so weit gehen, dass er den Fehler direkt einräumt und gar anerkennt[3]. Eine Äußerung „ja ich hafte, meine Haftpflichtversicherung wird zahlen" kann den Versicherungsschutz kosten. Rechtlich handelt es sich in diesem Fall um ein Anerkenntnis. Manches Mal finden sich derartige Formulierungen in vorgerichtlichen persönlichen Schreiben eines Arztes. Oft versuchen Patienten durch Schriftverkehr ein solches Anerkenntnis zu erhalten. Hier ist Vorsicht geboten.

---

[1] Steinbeck/Fenger, Orthopädie und Recht, 2004, S. 59 ff.
[2] BGH, NJW 1986, 2365.
[3] Laufs/Uhlenbruck, Handbuch des Arztrechts, 3. Aufl. 2002, § 22 Rd. 9.

Abb. 2.2. Mögliche rechtliche Folgen bei falscher Behandlung

Andererseits sollte der Arzt einen Fehler auch nicht strikt abstreiten. Wenn nach einem Fehler ein Rezidiveingriff möglich ist, muss der Patient hierauf hingewiesen werden. Im Rahmen seiner Schadensminderungspflicht hat der Patient, wenn er weiterhin Vertrauen zum Arzt hat, diesen weiteren Eingriff zu dulden[4]. In solchen Fällen bietet sich eine Formulierung wie „das Ergebnis ist nicht positiv, es kann noch besser sein" an.

Wenn es zu einem Vertrauensverlust auf Seiten des Patienten gekommen ist, sollte der Arzt seinerseits den direkten Kontakt mit einem nahe gelegenen Zentrum oder einem anderen Haus anbieten. Hierdurch erreicht er, dass die den Patienten übernehmende Klinik über den Vorgang informiert ist. Dies hat den angenehmen Nebeneffekt, dass man dort in einem solchen Fall mit Kritik zurückhaltender sein wird, da man bereits in die Angelegenheit eingebunden ist. In nicht wenigen Fällen werden Patienten vom weiter behandelnden Arzt auf vermeintliche Fehler des vorbehandelnden Arztes hingewiesen und damit erst zur Geltendmachung von Ansprüchen aufgehetzt.

Es besteht keine Verpflichtung des Arztes, die Patienten von sich aus auf einen Fehler hinzuweisen[5].

■ Die wichtigsten rechtlichen Auseinandersetzungen

Dieser Beitrag stellt nur einen Überblick der möglichen Inanspruchnahmen des Arztes dar beim Vorwurf der falschen Behandlung (Abb. 2.2).

---

[4] BGH, VersR 1987, 408; OLG Oldenburg, NJW 1978, 1260.
[5] OLG Hamm, NJW 1985, 685; BGH, NJW 1984, 661 f.

Zivilrechtliche Inanspruchnahme

Zwischen dem Arzt bzw. Krankenhausträger und dem Patienten wird ein Dienstvertrag geschlossen, der zum Bereich des Bürgerlichen Rechts gehört[6]. Der Behandlungsvertrag verpflichtet den Arzt zu einer Behandlung lege artis nach ordnungsgemäßer Aufklärung. Ein Erfolg wird nicht geschuldet. Werden Ansprüche geltend gemacht oder muss damit gerechnet werden, dass dies in Kürze geschieht, muss der Arzt seinerseits tätig werden.

▣ Die Haftpflichtversicherung

Jeder Arzt ist verpflichtet, eine Haftpflichtversicherung abzuschließen. Dies sieht die Musterberufsordnung ausdrücklich vor. Gleichwohl gibt es immer noch Ärzte, die wohl aus wirtschaftlichen Gründen und auch eigener Überschätzung den Abschluss einer Versicherung für überflüssig halten.

Vom Patienten oder seinem Rechtsanwalt geltend gemachte Ansprüche sind innerhalb einer Woche der Versicherung zu melden. Eine vorsorgliche Meldung empfiehlt sich, wenn ein Schaden tatsächlich bekannt ist und damit gerechnet werden muss, dass der Patient Forderungen anmelden wird. Die Wochenfrist gilt auch, wenn dem Arzt in einem gegen einen anderen Arzt gerichteten Zivilverfahren der Streit verkündet wird. Sie gilt ebenso bei Einleitung eines selbstständigen Beweisverfahrens. Die Frist ist auch dann einzuhalten, wenn der Arzt die geltend gemachten Ansprüche für völlig unbegründet und an den Haaren herbeigezogen hält.

Möglichst umgehend ist der Versicherung eine eigene, zeitnahe Stellungnahme zur Verfügung zu stellen. Dabei muss wahrheitsgemäß berichtet werden. Auch zu erwartende Vorwürfe, die noch nicht erhoben wurden, sollten mitgeteilt werden. Den weiteren Schriftverkehr führt die Versicherung. Diese bestimmt bei einer gerichtlichen Auseinandersetzung auch den Rechtsanwalt, der den Arzt vertreten soll. Die Versicherung ist Herrin des Verfahrens. Sie entscheidet, ob ein Vergleich abgeschlossen werden soll oder nicht. Dies gilt auch für die Einlegung von Rechtsmitteln.

Der Vollständigkeit halber muss darauf hingewiesen werden, dass eine Versicherung nach Eintritt eines Versicherungsfalls den Vertrag für die Zukunft kündigen kann.

▣ Gegnerischer Rechtsanwalt

In der Regel werden (vermeintliche) Ansprüche eines Patienten durch einen Rechtsanwalt geltend gemacht. Dieser wird zunächst Einsicht in die Krankenakten nehmen wollen. Kopien an ihn werden allerdings nur dann herausgegeben, wenn folgende Voraussetzungen vorliegen:

---

[6] BGH, NJW 1981, 2002.

■ Vollmacht des Patienten,
■ Erklärung über die Entbindung von der ärztlichen Schweigepflicht,
■ Erbschein, wenn Angehörige eines verstorbenen Patienten Ansprüche stellen,
■ Zusage der Übernahme von Kopierkosten[7].

Entgegen der Rechtsprechung verschiedener Amtsgerichte sind keine Leseabschriften zu fertigen.

Auf Verlangen sind Name und Anschrift ärztlicher und nichtärztlicher Mitarbeiter bekannt zu geben. Wenn vom gegnerischen Rechtsanwalt Name und Anschrift eines Mitpatienten erbeten werden, ist dies unter Berufung auf die ärztliche Schweigepflicht zurückzuweisen. Hintergrund dieses Ansinnens ist die Stellung des Mitpatienten als Zeugen.

Krankenhausärzte haben vor Übersendung der Krankenakte in Kopie die Verwaltung zu informieren. Parallel dazu ist, wenn nicht bereits geschehen, die Haftpflichtversicherung zu benachrichtigen.

■ Die Gutachterkommission und Schiedsstelle

Nach der Geltendmachung von Ansprüchen regt die Haftpflichtversicherung überwiegend die Einschaltung der Gutachterkommission durch den Patientenanwalt an. Oft wird diese allerdings vom Patientenanwalt auch direkt beauftragt. Umgekehrt kann auch der Arzt die Gutachterkommission anrufen, wenn ihm gegenüber Vorwürfe zu Unrecht erhoben werden. Von dieser Möglichkeit wird allerdings äußerst selten Gebrauch gemacht.

Der Arzt sollte dann in Absprache mit der Versicherung und ggf. dem bereits eingeschalteten Rechtsanwalt umfassend zu dem ihm gegenüber erhobenen Vorwurf Stellung nehmen. Die Gutachterkommission zieht die Krankenakten bei, sodass vorher auf jeden Fall Kopien für den Eigenbedarf gefertigt werden müssen.

Je nach Örtlichkeit gestaltet sich das Verfahren vor der Gutachterkommission bzw. Schiedsstelle unterschiedlich. Im hiesigen Bereich ist eine Stellungnahme zu den von der Gutachterkommission eingeholten Gutachten nicht möglich, wohl im Bereich Nordrhein. Dies führt dann zwangsläufig dazu, dass Patienten auch bei für sie negativem Ausgang des Verfahrens Klage beim Zivilgericht einreichen.

■ Zivilgerichtliches Verfahren

Dieses Verfahren wird durch Einreichung einer Klageschrift mit entsprechendem Gerichtskostenvorschuss durch den Patientenanwalt eingeleitet. Nach Zustellung der Klageschrift durch das Gericht an den Arzt muss die-

---

[7] BGH, NJW 1989, 764; LG Köln, NJW-RR 1994, 1539.

Klageverfahren

	Amtsgericht	Landgericht
Eingangsgericht	zuständig bei Klageforderung bis 5.000,00 €	zuständig bei Klageforderung über 5.000,00 € oder Anspruch aus Amtshaftung
Beweisstation	Gericht holt medizinisches Sachverständigengutachten ein, wenn auf die Klagebegründung erwidert worden ist	
Termin zur mündlichen Verhandlung	nach Eingang des Gutachtens und Stellungnahme der Parteien hierzu	
Beendigung der ersten Instanz	• durch Vergleich oder Urteil, in dem die Klage abgewiesen oder ihr (teilweise) stattgegeben wird • in seltenen Fällen Klagerücknahme	
Rechtsmittel der Berufung	zum Landgericht	zum Oberlandesgericht - nur eingeschränkt neuer Tatsachenvortrag möglich -
Termin zur mündlichen Verhandlung	Wenn auf die Berufungsbegründung erwidert wurde und ausnahmsweise ein neues Sachverständigengutachten eingeholt wurde. Sonst Anhörung des Sachverständigen im Termin	
Beendigung der zweiten Instanz	wie erste Instanz	
Rechtsmittel der Revision	kein Rechtsmittel mehr möglich	Revision muss vom Berufungsgericht zugelassen werden oder BGH lässt auf Nichtzulassungsbeschwerde zu, wenn grundsätzliche Bedeutung oder Rechtsfortbildung
Revisionsentscheidung	• Urteil - Abweisung - Stattgeben - Zurückverweisung • Revisionsrücknahme	

Abb. 2.3. Ablauf des Gerichtsverfahrens

Tabelle 2.2. Mögliche Befangenheit

■ Verwandschaftsverhältnis zu einer Partei
■ Freundschaften oder Bekanntschaften
■ Berufliche Verbindungen zum beklagten oder angeklagten Arzt
■ Wenn der Sachverständige einen der Verfahrensbeteiligten als Arzt behandelt
■ Der Sachverständige hat zuvor schon ein Privatgutachten erstellt
■ Unbedachte Sympathie- oder Antipathieäußerungen
■ Beleidigung des Patienten durch den Sachverständigen („Sie sind ein Hypochonder!")
■ Wenn der Sachverständige in einem anderen Prozess mit den gleichen Prozessbevollmächtigten für Kläger und Beklagte auf Beklagtenseite involviert ist
■ Einseitige Beschaffung von Untersuchungsmaterial von einer Partei, ohne die andere zu benachrichtigen oder das Gericht zu befragen

ser handeln. Das Gericht setzt Fristen zur Stellungnahme. Deshalb ist die Klage sofort an die Haftpflichtversicherung weiterzuleiten. Dies gilt auch bei vorgeschaltetem Antrag auf Gewährung von Prozesskostenhilfe. Der dem Arzt durch die Haftpflichtversicherung zur Seite gestellte Rechtsanwalt wird dann seinerseits fristwahrend Stellung nehmen. Den Verlauf eines solchen Gerichtsverfahren zeigt Abb. 2.3.

Regelmäßig werden Zivilverfahren nach dem Ergebnis der Begutachtung eines vom Gericht beauftragten Sachverständigen entschieden. Dieser entscheidet auch praktisch über die Frage, ob ein grober Behandlungsfehler vorliegt[8]. Deshalb ist hierauf ein besonderes Augenmerk zu legen. Dies beginnt bereits mit der Frage einer möglichen Befangenheit des vom Gericht ausgewählten Sachverständigen. Derartige Befangenheitsgründe sind vor Erstellung des Gutachtens geltend zu machen, da man sich nach Erstellung des Gutachtens hierauf nicht mehr berufen kann (Tab. 2.2).

Kommt der Sachverständige zu einem für den Arzt negativen Ergebnis, muss zum Gutachten vorgetragen werden. Dabei ist es möglich, dass ein Privatgutachten durch die Versicherung eingeholt wird. Ein derartiges Privatgutachten kann in den Rechtsstreit eingeführt werden. Der vom Gericht beauftragte Sachverständige hat sich hiermit auseinanderzusetzen. Kommt es dann zur Anhörung dieses Sachverständigen im Gerichtssaal, sollte der Privatgutachter auf Seiten des Arztes an der Verhandlung teilnehmen, um Arzt und Rechtsanwalt zu unterstützen.

In jeder Situation ist es äußerst wichtig, dass Arzt und Rechtsanwalt zusammenarbeiten. Als besonders hilfreich erweist es sich, wenn der Arzt dem Juristen ausgesuchte Literatur zur Verfügung stellt, die etwa die beanstandete Vorgehensweise des Arztes bestätigt.

Die durch dieses Verfahren entstehenden Kosten hat im Unterliegensfall die Haftpflichtversicherung des Arztes zu tragen.

---

[8] BGH, NJW 1998, 1782.

▪ Selbstständiges Beweisverfahren

Der Bundesgerichtshof hat unlängst den in der Rechtsprechung bestehenden Streit, ob ein selbstständiges Beweisverfahren im Arzthaftpflichtrecht zulässig ist, positiv beschieden[9]. Diese antizipierte Beweisaufnahme außerhalb eines Klageverfahrens ist unter bestimmten Voraussetzungen zulässig. Dabei genügt es bereits, wenn der Gesundheitszustand des Patienten durch weitere ärztliche Maßnahmen verändert werden soll. Die Ärzte werden sich in Zukunft mit diesem Phänomen häufig konfrontiert sehen. Dies hat seinen Grund ganz einfach darin, dass die frühere Beweisgebühr im Gebührenrecht der Rechtsanwälte entfallen ist. Auf diesem Umweg werden viele Patientenanwälte versuchen, die Beweisgebühr am Leben zu erhalten.

Auch hier gilt, dass die eigene Haftpflichtversicherung sofort informiert werden muss. Die vorweggenommene Beweisaufnahme wird für einen späteren Rechtsstreit spielentscheidend sein, sodass auf jeden Fall zu dem Beweisantrag Stellung genommen werden muss.

▪ Ausblick

Die Europäisierung macht vor nichts und niemandem Halt. Deshalb kann auch im Bereich des Medizinrechts nicht ausgeschlossen werden, dass hier das Schlagwort „Verbraucherschutz" Eingang finden wird, was zu ungeahnten Veränderungen führen kann. Bereits seit längerem wird unter diesem Gesichtspunkt der Erlass eines Patientenschutzgesetzes verlangt. Dies bedeutet praktisch, dass der Arzt beweispflichtig dafür werden soll, dass sein ärztliches Handeln lege artis war und nicht zum Eintritt eines Schadens beim Patienten geführt hat.

Strafrechtliche Verfolgung

Auch die Zahl der strafrechtlichen Ermittlungsverfahren wegen eines angeblichen Behandlungsfehlers bei den Staatsanwaltschaften steigt. Viele Rechtsanwälte glauben, in derartigen Fällen die Erstattung einer Strafanzeige und die damit von Amts wegen durchzuführende Ermittlung der Staatsanwaltschaft später als Grundlage für die Geltendmachung von Schmerzensgeldansprüchen nutzen zu können. Die Staatsanwaltschaft ist in solchen Fällen verpflichtet, den Fall begutachten zu lassen. Durch spätere Akteneinsicht, die nur durch einen Rechtsanwalt vorgenommen werden darf, versprechen sich Patientenanwälte Vorteile. Allgemein wird diese Vorgehensweise jedoch als anwaltlicher Kunstfehler angesehen[10].

---

[9] BGH, NJW 2003, 1741.
[10] Steinbeck/Fenger, a.a.O., S. 121ff.

Tabelle 2.3. Verhalten bei Hausdurchsuchung

- Es sollte Ruhe bewahrt werden
- Möglichst umgehende Hinzuziehung eines Rechtsanwalts, da man sich tunlichst nicht selbst verteidigen sollte
- Vor der Einschaltung eines Rechtsanwalts gilt das Gebot des Schweigens; außer persönlichen Angaben sollten keine Erklärungen abgegeben werden; ein Beschuldigter hat das Recht, zur Sache nichts zu sagen; hieraus können für den beschuldigten Arzt keine Nachteile gefolgert werden
- Vorladungen zu polizeilichen Vernehmungen sollte nicht ohne vorherige Beauftragung und Befragung eines Rechtsanwalts gefolgt werden; es besteht keine Verpflichtung, bei der Polizei zu erscheinen, ratsam ist es, den vorgesehenen Vernehmungstermin mit dieser Begründung abzusagen
- Bei einer Durchsuchung der Praxis sich den richterlichen Durchsuchungsbeschluss zeigen lassen
- Eine zu große Kooperation mit den Ermittlern ist nicht von Vorteil
- Nach Beendigung der Durchsuchung ist dem beschuldigten Arzt ein Verzeichnis über die beschlagnahmten Gegenstände auszuhändigen
- Nach Akteneinsicht, die nur durch einen Rechtsanwalt vorgenommen werden kann, ist mit diesem die Sache zu erörtern und zu prüfen, ob und wie gegenüber der Staatsanwaltschaft schriftsätzlich vorgetragen wird; dies ist eine Frage des Einzelfalls

Die Staatsanwaltschaft hat einen etwaigen staatlichen Strafanspruch zu verfolgen. Zivilrechtliche Interessen des Patienten spielen daher hier keine Rolle.

Erfährt der Arzt, dass gegen ihn strafrechtlich ermittelt wird, sollte er in jedem Fall seine Haftpflichtversicherung informieren. In den meisten Fällen besteht eine Strafrechtsschutzversicherung, sodass zumindest die Verfahrenskosten von der Versicherung getragen werden. Etwaige Geldstrafen oder Geldauflagen sind hiervon allerdings nicht erfasst.

Regelmäßig werden zu Beginn eines solchen Verfahrens die Krankenakten beschlagnahmt. Hierzu kann eine Hausdurchsuchung angeordnet werden. Die hiermit notwendigerweise verbundenen Unannehmlichkeiten sollte sich jeder ersparen und die Krankenakte freiwillig herausgeben, nachdem zuvor Kopien gefertigt worden sind. Sollte es zu einer Hausdurchsuchung kommen, empfiehlt sich eine Verhaltensweise, wie in Tab. 2.3 empfohlen.

Die ärztliche Schweigepflicht steht der Beschlagnahme nicht entgegen, wenn sich das Ermittlungsverfahren gegen den Orthopäden als Beschuldigten richtet[11].

Die Staatsanwaltschaft wird sich regelmäßig sachverständiger Hilfe bedienen. Spätestens bei Vorlage eines den Arzt belastenden Gutachtens ist ein Verteidiger einzuschalten. Nur dieser erhält vollständige Akteneinsicht. So kann sichergestellt werden, dass entsprechende Einwendungen gegen das Gutachten geltend gemacht werden können.

In den meisten Fällen stellt die Staatsanwaltschaft das Verfahren mangels hinreichenden Tatverdachts ein. Nicht selten kommt es allerdings zu einer

---

[11] BVerfG, NJW 1977, 1489.

Einstellung nach Erfüllung einer Geldauflage. Dieses Verfahren bietet sich insbesondere dann an, wenn die Staatsanwaltschaft mit der Erhebung der öffentlichen Anklage droht. Jeder, der einmal in einer solchen Situation war, kennt die Vorteile dieser Art der Verfahrensbeendigung. Eine öffentliche Hauptverhandlung ist für jeden Arzt eine erhebliche physische und psychische Belastung. Es ist nur zu bekannt, dass in den Medien über den Beginn einer öffentlichen Hauptverhandlung gegen einen Mediziner berichtet wird, über einen dann am späten Nachmittag oder Abend ergehenden Freispruch aber nicht mehr.

Berufsrechtliche Aspekte

Neben den beschriebenen Unannehmlichkeiten können berufsrechtliche Folgen eintreten. Ein und dieselbe Handlung kann sowohl ein Strafgesetz als auch eine Berufspflicht verletzen.

▪ Die Ärztekammer

Die Staatsanwaltschaften sind verpflichtet, die Ärztekammern von Anklageerhebungen oder vergleichbaren Maßnahmen von Amts wegen in Kenntnis zu setzen. Es obliegt dann den einzelnen Ärztekammern zu prüfen, ob nach Abschluss eines Strafverfahrens der berufsrechtliche Unrechts- und Schuldgehalt einer Tat erheblich über den strafrechtlichen Bereich hinausgeht. Dieser „berufsrechtliche Überhang" kann neben der strafrechtlichen Verurteilung berufsrechtlich geahndet werden.

In besonders gravierenden Fällen, vor allem wenn die weitere Berufstätigkeit des Betroffenen die Allgemeinheit gefährdet, können die Gesundheitsbehörden das vorübergehende Ruhen oder den Widerruf der Approbation anordnen. Bei einem einmaligen fahrlässigen Behandlungsfehler kommt dies allerdings in der Regel nicht in Betracht. Für die Anordnung des Ruhens der Approbation ist die Bezirksregierung zuständig.

▪ Die Kassenärztliche Vereinigung

Das Bundesverfassungsgericht hat bereits 1985 entschieden, dass ein Kunstfehler Grund für eine Zulassungsentziehung sein kann[12]. Allerdings muss es sich hier um einen sehr gravierenden Fehler handeln. Doch kommt ein solches Vorgehen auch dann in Betracht, wenn sich Behandlungsfehler bei einem Arzt häufen.

---

[12] BVerfG, NJW 1975, 1457.

■ Beamtete Ärzte

Ein förmliches Disziplinarverfahren kann gegen beamtete Ärzte eingeleitet werden, wenn etwa eine Vielzahl von Behandlungsfehlern auftritt oder elementarste medizinische Grundsätze missachtet werden.

Fazit

Dieser kurze Überblick zeigt, dass ein vernünftiges Schadensmanagement unumgänglich ist. Dies setzt voraus, dass der Orthopäde sensibilisiert ist für mögliche Schadensfälle, um rechtzeitig entsprechende Vorkehrungen zu treffen. Kritisch wird es, wenn eingetretene und erkannte Fehler vertuscht werden sollen. Vielmehr ist es erforderlich, unter Achtung der Persönlichkeit des Patienten unterlaufene Fehler anzunehmen.

Literatur

1. Deutsch E, Spickhoff A (2003) Medizinrecht. Springer, Heidelberg
2. Andreas M, Debong B, Bruns W (2001) Handbuch Arztrecht in der Praxis. Nomos, Baden-Baden
3. Steinbeck J, Fenger H (2004) Orthopädie und Recht. Springer, Heidelberg

Diskussion

? 1. Welche Folgen bringt die Gesetzesänderung zur Haftung der medizinischen Sachverständigen? Wie sind Ihre Erfahrungen von Haftungsfällen?

Für große Unruhe unter den gerichtlich bestellten Sachverständigen sorgte das am 01. August 2002 in Kraft getretene zweite Gesetz zur Änderung schadensersatzrechtlicher Vorschriften. Im Zuge dieses Gesetzes wurde § 839a BGB eingeführt. Mit dieser Vorschrift wurde erstmals eine Schadensersatzpflicht eines gerichtlich bestellten Sachverständigen normiert. Allerdings legte sich die Unruhe nach einiger Zeit, da eine derartige Haftung nur schwer zu erfüllende Voraussetzungen hat. So muss der vom Gericht bestellte Sachverständige sein Gutachten vorsätzlich oder grob fahrlässig unrichtig erstattet haben. Der Sachverständige muss den rechtswidrigen Erfolg voraussehen und in seinen Willen aufnehmen. Von grober Fahrlässigkeit ist auszugehen, wenn die verkehrserforderliche Sorgfalt in besonders schwerem Maß verletzt wird, wobei schon einfachste, ganz naheliegende Überlegungen nicht angestellt werden und das nicht beachtet wird, was im gegebenen Fall jedem einleuchten musste. Der Nachweis des Vorliegens dieser Voraussetzungen dürfte bereits äußerst schwierig sein.

Hinzu kommt, dass der Schaden durch eine gerichtliche Entscheidung verursacht worden sein muss. Der Sachverständige haftet daher nicht, wenn die Parteien des Rechtsstreits auf der Grundlage eines solchen Gutachtens einen Vergleich abschließen.

Die Ersatzpflicht tritt auch dann nicht ein, wenn die geschädigte Partei es vorsätzlich oder fahrlässig unterlassen hat, den Schaden durch Gebrauch eines Rechtsmittels abzuwenden. Sollte es daher wirklich einmal vorkommen, dass ein unrichtiges Gutachten des Sachverständigen vorsätzlich oder grob fahrlässig erstellt wurde, muss der Rechtsweg durch die benachteiligte Prozesspartei mittels der vorgesehenen Rechtsbehelfe ausgeschöpft werden.

Da die Anforderungen an eine etwaige Schadensersatzpflicht eines gerichtlich bestellten Sachverständigen äußerst hoch sind, kommt eine Haftung praktisch nicht in Betracht.

? **2. Ist es die Aufgabe des medizinischen Sachverständigen, die Frage nach einem groben Behandlungsfehler zu beantworten?**

Nach der eindeutigen Rechtssprechung des Bundesgerichtshofs ist die Feststellung, ob ein grober Arztfehler vorliegt, eine vom Gericht zu beantwortende Frage. Die juristische Wertung hat nicht der Sachverständige vorzunehmen. Diese vom Gericht zu beantwortende Frage erfordert eine Gesamtbetrachtung des Behandlungsgeschehens, bei der die Würdigung des medizinischen Sachverständigen nicht außer Acht gelassen werden kann.

In der Praxis sieht dies allerdings anders aus. In vielen Fällen fragt das Gericht in dem Beschluss, mit dem der Sachverständige beauftragt wird, bereits danach, ob gegebenenfalls ein grober Behandlungsfehler vorliegt. Diese Frage wird dann vom Sachverständigen im Rahmen seines schriftlichen Gutachtens auch beantwortet. Das Gericht stützt sich in seiner Beurteilung auf dieses Gutachten und übernimmt praktisch die Feststellungen des Sachverständigen.

Bejaht ein Sachverständiger in seinem Gutachten die Frage nach dem Vorliegen eines groben Behandlungsfehlers, müssen sich der Arzt und sein Rechtsanwalt hiermit vollumfänglich auseinandersetzen. Insbesondere muss erreicht werden, dass der Sachverständige im Termin zur mündlichen Verhandlung angehört wird und mit den Beteiligten die Frage des groben Behandlungsfehlers diskutiert.

3 Prophylaxe von Arzthaftpflichtfällen

J. JAKLIN

I

Selbst das beste Behandeln des Arztes verhindert nicht immer einen so genannten Arzthaftpflichtfall. Ein solcher liegt letztlich bereits mit dem ersten Anspruchsschreiben eines Patienten und der Behauptung eines Behandlungsfehlers oder einer unzureichenden Aufklärung vor. Diese erfolgt unabhängig davon, ob die Ansprüche tatsächlich gerechtfertigt sind oder nicht. Auch wenn ein Arzt also alles richtig gemacht hat, kann er sich Ansprüchen des Patienten ausgesetzt sehen. Es stellt sich deshalb die Frage, wie möglichst bereits die bloße Geltendmachung von Ansprüchen vermieden werden kann.

Ich referiere deshalb nicht darüber, wie man eine sorgfältige Behandlung vornimmt, wozu ich als Jurist auch überhaupt nicht in der Lage wäre. Auch stelle ich Ihnen kein Qualitätsmanagementprogramm vor, wobei auch dieses sicherlich der Prophylaxe von Arzthaftpflichtfällen dienen kann. Ich möchte Ihnen einige Aspekte nennen, die mir bei der Vertretung in Arzthaftungsangelegenheiten aufgefallen sind.

II

Warum soll sich der Arzt mit der Prophylaxe von Haftpflichtschäden beschäftigen? Man könnte darauf hoffen, dass man zu denjenigen gehört, die von einer solchen Situation verschont bleiben oder man kann sich sagen, dass etwaige Schadensersatz- und Schmerzensgeldansprüche sowieso von der Haftpflichtversicherung übernommen werden. Dies wäre sicherlich die falsche Einstellung.

Die Zahl der Behandlungsfehlervorwürfe nimmt seit langer Zeit stetig zu. So kann man sagen, dass auf ca. 1000 versicherte Ärzte im Jahr 100 Behandlungsfehlervorwürfe kommen[1]. Die Chance, während seines gesamten Berufslebens hiervon verschont zu bleiben, wird also stetig geringer.

---

[1] Hansis, Der ärztliche Behandlungsfehler, 2. Aufl., S. 15 ff.

Mit jedem Behandlungsfehlervorwurf – sollte er sich im Ergebnis auch als vollkommen unbegründet erweisen – ist für den betroffenen Arzt eine nicht unerhebliche zeitliche Belastung verbunden. Er muss sich einen möglicherweise lange zurückliegenden Behandlungsablauf wieder vor Augen führen. Er muss sich um das Auffinden, Bereitstellen und Überlassen der Behandlungsunterlagen kümmern. Er muss sich auch die Zeit nehmen, eine Stellungnahme zu fertigen. Dies ist alles Zeit, die ganz bestimmt wesentlich besser verwandt werden kann.

In vielen Fällen steht bei den betroffenen Ärzten jedoch die nervliche Belastung im Vordergrund. Das Risiko, sich finanziellen Forderungen ausgesetzt zu sehen, ist in der Regel nachrangig, da Versicherungsschutz besteht. Die Anspruchsschreiben sind häufig in sehr scharfem Ton verfasst und sie enthalten nicht selten – aus der Sicht des Arztes – vollkommen hergeholte und absurde Anschuldigungen. Der Arzt fühlt sich nicht selten in seiner Berufsehre und in seinem Ego stark getroffen. Er hat ein großes Bedürfnis, solche manchmal sogar ehrenrührigen Behauptungen aus der Welt zu schaffen. Nicht selten erlebe ich deshalb Ärzte, denen während dieser Auseinandersetzungen der Nachtschlaf geraubt wird.

Nicht unwesentlich ist – zumindest bei einer dann gerichtlichen Auseinandersetzung – der Aspekt der Öffentlichkeit. Jede Gerichtsverhandlung ist grundsätzlich öffentlich, mit der Folge, dass nicht nur während der Verhandlung beliebige Zuschauer anwesend sein dürfen, sondern dass auch in der Presse darüber berichtet werden kann. Gerade in den Zeiten, in denen nach Ansicht vieler, die „Patientenrechte" immer weiter gestärkt werden müssen, reagiert die Medienlandschaft sehr schnell auf Verfahren, wo es um „Ärztepfusch" geht. Sogar Bürgerinitiativen werden gegründet, um die Interessen der Betroffenen von vermeintlichen Behandlungsfehlern zu vertreten. So habe ich es erlebt, dass aufgrund der großen Zuschauerzahl in einem Verfahren vor dem Amtsgericht in einen größeren Sitzungssaal umgezogen werden musste. Bei Betrachtung dieser Aspekte wird glaube ich deutlich, dass viele Gründe dafür sprechen, das Risiko zu minimieren, Adressat von Behandlungsfehlervorwürfen zu werden.

1.

Hilfreich ist es hierzu, zunächst zu betrachten, wie die Behandlung, das Ausbleiben des gewünschten Behandlungserfolgs oder das Auftreten von unerwünschten Nebenfolgen von der Patientenseite wahrgenommen wird[2]. Dabei steht nach einer Studie aus den USA Folgendes im Vordergrund:

▪ Frustration darüber, keine überzeugende Erklärung für das Geschehene zu erhalten,

▪ Unzufriedenheit mit der Verständlichkeit, Genauigkeit und dem Umfang der erhaltenen Informationen.

---

[2] Kilian, Alternative Konfliktbeilegung in Arzthaftungsstreitigkeiten, VersR 2000, 942.

Ziel einer gerichtlichen Auseinandersetzung ist nach dieser Studie:
- 50% Ermittlung der genauen Umstände des Geschehens,
- 46% Wunsch nach Ausdruck des Bedauerns,
- 38% dezidierte Erklärung, was bei der Behandlung genau geschehen ist,
- 33% finanzielle Entschädigung.

Für mich ist das Ergebnis dieser Studie durchaus überraschend. Ich denke, dass es Ihnen nicht anders geht. An erster Stelle steht also keineswegs das finanzielle Begehren. Vielmehr scheint es in erster Linie an Problemen in der Kommunikation zwischen Arzt und Patient zu liegen. Ein großes Bedürfnis des Patienten liegt also darin, nachvollziehen zu können, wie es zu diesem Ergebnis kommen konnte. Sie wollen auch – befreit von allen unverständlichen Fachtermini – wissen, was bei der Behandlung genau gemacht wird bzw. wurde und wie es zu dem unerwünschten Ergebnis kommen konnte.

Diese Erkenntnis sollte sich der Arzt zwingend zu nutzen machen. Das bedeutet, dass eine ständige Kommunikation zwischen Arzt und Patienten stattfinden muss. Das beginnt bereits vor der Behandlung. Der Patient sollte die Möglichkeit haben, das was ihn belastet und zum Arzt geführt hat, auch vorzutragen. Er muss das Gefühl haben, auf ein offenes Ohr zu stoßen. Sodann sollten ihm die verschiedenen Therapiemöglichkeiten aufgezeigt werden in einer Art und Weise, dass auch der medizinische Laie dies versteht. Es sollte dann eine gemeinsame Entscheidung über die vorzunehmende Behandlung getroffen werden. Wenn dies möglich ist, sollte auch während der Behandlung dem Patienten kurz und knapp mitgeteilt werden, was mit ihm geschieht. Bei dem Patienten sollte das Gefühl vermieden werden, dass er nur Arbeitsobjekt ist und er gleichsam machtlos etwas über sich ergehen lassen muss, ohne zu wissen, was mit ihm passiert. Ganz besonders wichtig ist das Gespräch in der Situation, in der die Behandlung nicht zu dem gewünschten Erfolg geführt hat oder unerwünschte Nebenfolgen aufgetreten sind. Es mag hier häufig die natürliche Reaktion sein, dass der Arzt zunächst zurückschreckt und gern ein Gespräch vermeiden möchte. Gerade jetzt ist es jedoch besonders wichtig, dem Patienten eine nachvollziehbare Erklärung an die Hand zu geben. Nur so wird ihm die Möglichkeit gegeben, sich mit dieser neuen Situation abzufinden. Selbstverständlich darf der Arzt sein Bedauern über das Geschehene zum Ausdruck bringen. Dies ist auch zu empfehlen. Er läuft dadurch nicht Gefahr, seinen Versicherungsschutz zu verlieren.

Ich bin sicher, dass bei einer hinreichenden und gesunden Kommunikation gerade auch bei Auftreten von Komplikationen ein so genannter Arzthaftpflichtfall vermieden werden kann.

2.

Sehr häufiger Ausgangspunkt entsprechender Auseinandersetzungen sind auch Äußerungen eines Arztes über die Behandlung des Vorbehandlers [3]. Hierbei meine ich noch nicht einmal die Situation, in der ein Nachbehandler die Hände über dem Kopf zusammenschlägt wegen des Ergebnisses der Vorbehandlung. Vielmehr sind es häufig kleinere Randbemerkungen, die unbedacht daher gesagt werden. Solche lösen bei dem Patienten sehr schnell die von dem Nachbehandler überhaupt nicht beabsichtigte Vorstellung aus, dass bei der Vorbehandlung ja etwas falsch gemacht worden sein muss. Es kann deshalb nur dringend empfohlen werden, sich mit Bemerkungen über die Behandlung anderer Ärzte zurückzuhalten. Dies soll keine Aufforderung zu übertriebenem Standesdenken sein. Bei einer ganz offensichtlich unzureichenden Behandlung des Kollegen soll dieser keineswegs „gedeckt" werden. In allen anderen Fällen ist jedoch stets zu berücksichtigen, dass die Äußerungen von der Patientenseite sehr schnell fehlgedeutet werden. Bei Berücksichtigung dieser Regel wird der Arzt zwar keine Konflikte für sich selbst vermeiden. Hält sich jedoch jeder Arzt daran, wird sich das für die Ärzteschaft insgesamt günstig auswirken.

3.

Bei so genannten Wunschbehandlungen ist äußerste Vorsicht geboten [4]. Der Arzt kommt immer wieder in die Situation, dass er von seinem eigenen Behandlungskonzept abweicht, da von dem Patienten entsprechende Wünsche im Hinblick auf die Behandlung geäußert werden. Dabei entscheidet er sich dann statt für die optimale Lösung für eine unter Umständen etwas minderwertigere, um den Wünschen des Patienten gerecht zu werden. Gerade dieses Abweichen wird dann jedoch mit schöner Regelmäßigkeit von einem später beauftragten Gutachter beanstandet.

Beispiele:
▪ Trotz der Notwendigkeit einer stationären Einweisung lässt sich der Arzt überreden, den Patienten weiterhin ambulant zu behandeln.
▪ Auf Drängen des Patienten wird die Materialentfernung nach Frakturversorgung etwas früher vorgenommen.
▪ Auf Wunsch des Patienten erfolgt ohne medizinische Indikation die Entfernung aller Zähne, da dieser entsprechende Infektionsherde vermutet.

Bei der Abwägung, ob den Wünschen des Patienten nachgegeben werden soll, ist zu differenzieren: Ist die gewünschte Behandlungsform medizinisch nicht vertretbar, so gibt es für den Arzt nur eine einzige Möglichkeit: Er

---

[3] Ries, Schnieder, Althaus, Großbölting, Arztrecht, Praxishandbuch für Mediziner, S. 185.
[4] Ries, Schnieder, Althaus, Großbölting a. a. O., S. 186.

muss die Behandlung ablehnen[5]. Selbst der eindringlichste Hinweis darauf, dass der Patientenwunsch kontraindiziert und medizinisch unsinnig ist, würde dem Arzt nicht helfen. Er würde haften. Ein solcher Fall ist sicherlich in dem dritten Beispiel gegeben, in dem ohne medizinische Rechtfertigung eine Reienextraktion vorgenommen wird.

Ist jedoch die gewünschte Behandlungsform (noch) medizinisch vertretbar, so trifft den Arzt eine strikte Aufklärungspflicht[6]. Eine Aufklärung hat zu beinhalten, dass die von dem Patienten gewünschte Behandlungsform die medizinisch schlechtere und die von dem Arzt vorgeschlagene Alternative die bessere Lösung ist. Auf die möglichen negativen Folgen der von dem Patienten gewählten Behandlungsform ist schonungslos hinzuweisen. Der Einwand des Arztes zu seiner Verteidigung, dass es schließlich der Wunsch des Patienten gewesen sei, kann ihn nur dann rechtfertigen, wenn eine schonungslose Aufklärung erfolgt ist und der Arzt dies beweisen kann.

4.

Auch die Dokumentation sollte sich der Arzt im Hinblick auf die Prophylaxe von Haftpflichtfällen zunutze machen. Zwar kann er dadurch nicht bereits die Geltendmachung von Ansprüchen verhindern. Er kann jedoch seine Chancen erhöhen, die Auseinandersetzung erfolgreich zu beenden.

Bekannt dürfte sein, dass eine unzureichende Dokumentation negative Folgen hat. Eine dokumentierungspflichtige Maßnahme, die nicht dokumentiert ist, gilt zunächst einmal als nicht erfolgt[7]. Eine unzureichende Dokumentation kann jedoch bis hin zu einer Beweislastumkehr zur Frage der Kausalität führen[8].

Weniger geläufig ist, dass die Dokumentation für den Arzt auch eine sehr positive Folge haben kann. Zwar sagt die Rechtsprechung, dass die Krankenaufzeichnungen ausschließlich der medizinischen Seite der Behandlung verhaftet sind und nicht darauf abzielen, für den Patienten in einem Haftungsprozess den Beweis zu sichern. Zu dokumentieren ist also stets nur das, was medizinisch erforderlich ist[9]. Das muss den Arzt jedoch nicht davon abhalten, in den Behandlungsunterlagen auch Umstände festzuhalten, die über das Medizinische hinausgehen, für den Arzt aber in einer möglichen Auseinandersetzung hilfreich sein können. Der Arzt kann sich so nämlich zunutze machen, dass die Rechtsprechung an die aktuell erstellte ärztliche Dokumentation einen hohen Beweiswert knüpft[10]. Danach darf das, was dokumentiert ist, grundsätzlich als wahr unterstellt werden, selbst wenn dies von der Patientenseite angezweifelt oder bestritten wird. Dokumentieren Sie deshalb ruhig

---

[5] OLG Karlsruhe, VersR 2004, 244.
[6] BGH, AHRS 1400/114.
[7] OLG München, VersR 1997, 977.
[8] Steffen/Dressler, Arzthaftungsrecht, 9. Aufl., Rn. 558.
[9] BGH, VersR 1994, 682.
[10] Steffen/Dressler, a. a. O. Rn. 472.

■ nicht wahrgenommene Termine,
■ fehlende Compliance oder Uneinsichtigkeit des Patienten,
■ die Weigerung des Patienten, medizinisch erforderliche Maßnahmen vornehmen zu lassen, und
■ Aufklärung über die Folgen der Unterlassung.

Es ist sinnvoll, lieber etwas mehr als zu wenig in den Behandlungsunterlagen festzuhalten.

Wenn es zu einer Anforderung auf Überlassung der Behandlungsunterlagen von der Patientenseite kommt, lassen Sie in keinem Fall bereits in diesem Stadium die Auseinandersetzung eskalieren. Das umfassende Einsichtsrecht des Patienten ist unbestritten. Überlassen Sie deshalb unverzüglich und ohne Einschränkung Ablichtungen der vollständigen Behandlungsunterlagen gegen Kostenerstattung.

III

Aufgrund der steigenden finanziellen Belastung des Patienten im Gesundheitswesen, aber auch des stetig steigenden Anspruchsdenkens werden die Arzthaftpflichtfälle auch in Zukunft zunehmen. Ich bin mir jedoch sicher, dass Sie für sich persönlich das Risiko bei Beachtung der genannten Aspekte verringern können.

Literatur

1. Hansis ML, Hansis DE (2004) Der ärztliche Behandlungsfehler. Schattauer, Stuttgart
2. Kilian M (2000) Alternative Konfliktbeilegung in Arzthaftungsstreitigkeiten. VersR 22:942–947
3. Ries HP, Schnieder K-H, Althans J et al (2004) Arztrecht. Praxishandbuch für Mediziner. Springer, Heidelberg
4. Steffen E, Dressler WD (2002) Arzthaftungsrecht. RWS Verlag

4 Selbstverständnis und Disziplin des ärztlichen Sachverständigen im Arzthaftpflichtverfahren

F. SCHRÖTER

Der Beitrag des medizinischen Sachverständigen an der gerichtlichen Wahrheitsfindung beruht auf der Nutzung seiner speziellen medizinischen Sachkunde zur abwägenden Würdigung von vorgegebenen Tatsachen unter Einbeziehung medizinischer (Befund-)Feststellungen. Sinn und Zweck der Einschaltung eines medizinischen Sachverständigen ist es somit, dem Gericht die so genannte Subsumption (Einordnung) eines tatsächlichen Geschehensablaufs unter rechtlichen Bestimmungen zu ermöglichen.

Rechtliche Vorgaben

Im Arzthaftpflichtprozess hat eine Orientierung an den gesetzlich vorgegebenen Schadensersatznormen zu erfolgen, die dem Sachverständigen bei dieser speziellen gutachtlichen Tätigkeit zumindest in ihren Grundzügen bekannt sein sollten, um auf dieser Ebene korrekte Schlussfolgerungen aus medizinischen Sachverhalten vornehmen zu können. Die Praxis lehrt jedoch, dass die juristischen Zielvorstellungen häufig nur schwer in Einklang zu bringen sind mit den auf naturwissenschaftlichen Erkenntnissen basierenden medizinischen Beurteilungen. Ärztliche Sachverständige – bar jeglicher (beweis)rechtlicher Vorbildung – sehen sich daher oft nicht in der Lage, die ihnen vom Gericht gestellte Frage in der erwünschten Klarheit und Eindeutigkeit zu beantworten, haben nicht selten schon das Problem, die juristische Semantik in der Fragestellung nicht zu verstehen.

Erhebliche Unterschiede in der Aus- und Weiterbildung, den täglichen Erfordernissen des jeweiligen Berufs und in den Denk- und Sprachstrukturen machen die Kommunikation besonders anfällig für Missverständnisse. Deshalb müssen die Angehörigen beider Berufsgruppen lernen und mehr Kenntnisse über die jeweils andere Denkweise die Kommunikation erfolgreicher zu gestalten. Ein „Übersetzer" steht ihnen nicht zur Verfügung.

Richter und Arzt müssen sich ihrer Aufgabe der Rechtsfindung synergistisch stellen, sie dürfen sich nicht als Antipoden betrachten. Der Sachverständige muss sicherstellen, dass seine Darstellung von Juristen auch so verstanden wird, wie es der ärztlichen Überzeugung entspricht. Der Richter muss die Plausibilität der ärztlichen Argumentation kritisch betrachten und seine Entscheidung in eigener richterlicher Überzeugung durchdenken und erarbeiten. Der Sachverständige ist hierfür nur ein Helfer, der dem Richter seine speziellen medizinischen Kenntnisse für die Entscheidungsfindung zur Verfügung stellt.

Je weniger sich der Richter auf die bloße Autorität des Sachverständigen verlässt, je mehr er den Sachverständigen nötigt, ihn – den Richter – über allgemeine Erfahrungssätze zu unterrichten und von möglichst gemeinverständlichen Gründen zu überzeugen, desto vollkommener erfüllen beide ihre verfahrensrechtliche Aufgabe [2].

Der Arzt als Sachverständiger

Nach dem Prozessrecht kann der Arzt vom Gericht sowohl als sachverständiger Zeuge als auch als medizinischer Sachverständiger eingesetzt werden.

Der sachverständige Zeuge nimmt dabei eine Zwitterstellung zwischen einem Zeugen und einem Sachverständigen ein (§ 414 ZPO). Während der normale Zeuge zu jedermann zugänglichen und erfahrbaren Beobachtungen und Tatsachen auszusagen hat, obliegt es dem sachverständigen Zeugen, über solche Tatsachen und Zustände dem Gericht zu berichten, zu deren Wahrnehmung eine spezielle Sachkunde erforderlich ist. Hierfür ein typisches Beispiel: Der behandelnde Arzt, der einen Behandlungs- und Befundbericht abgibt, ist sachverständiger Zeuge. Wird er jedoch darüber hinausgehend aufgefordert, aus diesen Befunden rückzuschließen auf das verbliebene Leistungsvermögen seines Patienten, so erfolgt diese Feststellung als medizinischer Sachverständiger.

Der medizinische Sachverständige ist gehalten, dem Gericht allgemeine Erfahrungssätze der medizinischen Wissenschaft zu vermitteln und die unter Nutzung dieser Wissenschaft gewonnenen Schlussfolgerungen zu erläutern, die er in Umsetzung ihm vorgegebener oder von ihm auch – befundmäßig – ermittelten Tatsachen ableiten konnte [8]. Darin liegt die spezielle Sachkunde, die nur dem Sachverständigen, nicht jedoch dem Gericht zu eigen ist.

Der medizinische Sachverständige befindet sich prinzipiell, dies ganz besonders im Arzthaftpflichtverfahren, in einer schwierigen Doppelrolle. Er ist Arzt und Gutachter zugleich, darf dennoch nicht bei seinem Rollenwechsel zum Sachverständigen seine hippokratisch geprägte Verpflichtung als Arzt vernachlässigen [5]. Er unterliegt auch in seiner Rolle als Sachverständiger den Pflichten der ärztlichen Berufsordnung. Die Doppelfunktion verlangt auch im Rahmen des Gutachtenauftrags seine Bemühungen, Gesundheit zu schützen, nicht zu gefährden und eine Gesundung des beteiligten Gutachtenprobanden nicht zu behindern, obwohl er keineswegs – wie ein behandelnder Arzt – mit dem ihm anvertrauten Gutachtenprobanden einen „Dienstvertrag" eingeht, der von ihm die höchstmögliche Sorgfalt und Zuwendung zum Nutzen seines Patienten abverlangen würde. Im Gegenteil, als Sachverständiger – im „Werkvertrag" mit dem auftraggebenden Gericht stehend – ist er zur absoluten Neutralität auch gegenüber dem ihm anvertrauten Gutachtenprobanden verpflichtet. In diesem Rollenverständnis heißt Schaden vom Gutachtenprobanden abwenden, in der Beurteilung den gesicherten wissenschaftlichen Erkenntnissen zu folgen. Grundsätzlich gilt: Wer gutachtlich einen Fehler macht, verletzt das Recht des anderen!

In der Rolle des Arztes als Sachverständiger übernimmt er in mehrfacher Hinsicht eine zusätzliche Verantwortung gegenüber

■ dem von ihm untersuchten Probanden,
■ der auftraggebenden Institution/dem Gericht,
■ der Gesellschaft als Gemeinschaft aller Bürger,

aber auch für seine eigene fachliche Position als Vertreter seiner medizinischen Wissenschaft.

In diesem Spannungsfeld gelegentlich diametral entgegenstehender Erwartungen der Prozessbeteiligten hat der Sachverständige trotz besten Bemühens häufig einen schweren Stand, dies in ganz besonderer Weise im Arzthaftpflichtprozess. Seitens des klagenden Patienten besteht der latente Verdacht, dass die Kollegialität – und nicht die reine medizinische Wissenschaft – das Ergebnis der Expertise nachhaltig bestimmt. Seitens des beklagten ärztlichen Kollegen besteht – meist uneingestanden – die Erwartung einer optimal „kollegialen" gutachtlichen Beurteilung, was im Volksmund zu dem Begriff der „Krähentheorie" geführt hat, andererseits stringent denkenden und beurteilenden Kollegen Kritik, Geringschätzigkeit, in manchen Fällen auch eine förmliche Ausgrenzung seitens der Kollegenschaft beschert. Ein ähnliches Spannungsfeld findet man in der öffentlichen Meinung: So genannte Patientenschutzverbände pflegen nicht gerade zartfühlig mit medizinischen Sachverständigen umzugehen, was gelegentlich bis zu groben Verleumdungen und Verunglimpfungen reicht, während die Gesellschaft und die Gemeinschaft aller Bürger vom Sachverständigen erwartet, dass durch sein Votum keine Gefährdung sinnvoller und nutzbringender medizinischer Handlungsabläufe, z.B. durch ein Übermaß an abverlangter ärztlicher Sorgfaltspflicht, erfolgt.

All diesen kontradiktorischen Erwartungen standzuhalten bedeutet, der vom Sachverständigen zu Recht abverlangten absoluten Unparteilichkeit gerecht zu werden, sich also nicht – von wem auch immer – funktionalisieren zu lassen und ausgeübtem Druck, sei es von einer Unterstützerszene, paramedizinisch verhafteten Kreisen, der Medien, gelegentlich auch den Berufsverbänden und der politischen Szene, zu widerstehen.

Gesetzliche Verpflichtungen

Gemäß den gesetzlichen Vorgaben (§ 79 StPO; § 10 ZPO) ist jeder Sachverständige verpflichtet, sein Gutachten

▪ unparteiisch,
▪ unvoreingenommen,
▪ nach bestem (medizinischen) Wissen
▪ und (ärztlichem) Gewissen

zu erstatten. So selbstverständlich diese Anforderungen an den Sachverständigen klingen, so wenig finden sie in der Realität ein konsequente Beachtung.

Die Unparteilichkeit des Sachverständigen erlaubt grundsätzlich nicht dem zuvor behandelnden Arzt, auch die Begutachtung „seines" Patienten zu übernehmen. Als behandelnder Arzt schuldet er nämlich seinem Patienten ein Optimum an Zuwendung und Einsatz, also auch eine „parteiliche" ärztliche Betreuung, notabene mit der Rolle eines „Anwalts" für seinen Patienten bei einer Attesterstellung. Der Patient müsste seinen behandelnden Arzt zunächst aus diesem Rollenverständnis („Dienstvertrag") entlassen, damit er zumindest formell dieser Grundbedingung der Unparteilichkeit entsprechen könnte. Obwohl also der behandelnde Arzt grundsätzlich bei der Begutachtung seines Patienten als befangen gelten muss, wird gegen diesen Grundsatz durch entsprechende Beauftragungen seitens der Versicherungsträger Tag für Tag tausendfach verstoßen, sicherlich jedoch so gut wie nie im Gerichtsverfahren.

Die Unparteilichkeit erfordert jedoch auch vom Sachverständigen die zwingende Orientierung

▪ ausschließlich an gesicherten wissenschaftlichen Erkenntnissen und
▪ an den jeweiligen rechtlichen Grundlagen (Gesetze, Vertragsbedingungen etc.).

Eine solche stringent gehandhabte gutachtliche Orientierung schließt eine Gefährdung der Unparteilichkeit aus. Immer wieder – von Patientenschutzbünden, aber auch Kreisen der Politik und leider auch der Anwaltschaft – zu hörende Vorwürfe, dass die Honorierung des Sachverständigen sein Votum beeinflussen müsse („wes Brot ich ess, des Sprach ich sprech") entbehren insofern jeglicher Grundlage. Die in Mode gekommenen pauschalisierenden Verdächtigungen gegenüber einer ganzen Berufsgruppe erscheinen ohnehin unseriös. Was würde die Anwaltschaft dazu sagen, wenn man grundsätzlich davon ausginge, dass der vom Straftäter bezahlte Rechtsanwalt sich mit seinem Mandanten gemein macht oder gar der vom Gericht benannte Pflichtverteidiger der Staatsanwaltschaft zuarbeitet? Solche grotesken Unterstellungen – leider auch aus seriösen politischen Kreisen gegenüber medizinischen Sachverständigen zu hören – vergiften nur die Verhandlungsatmosphäre und erschweren damit eine sachliche Diskussion vor Gericht.

Die vom Sachverständigen erwartete Unvoreingenommenheit bedeutet in erster Linie, dass sich der Arzt in seiner Rolle als Sachverständiger einer „emotionalen Unbestechlichkeit" [5] zu befleißigen hat. Hierzu gehört, dass der Sachverständige sowohl den Probanden als auch dem Auftraggeber und insbesondere gegenüber den sozialgesetzlichen Vorgaben sich einer illusionsfreien Empathie befleißigt. Ein Einschleusen eigener sozialkritischer Überzeugungen – entgegen sozialgesetzlichen Vorgaben – bewirkt unweigerlich ein Misstrauen gegenüber der eingeforderten Unvoreingenommenheit. Begegnet der Sachverständige dem Probanden mit emotionaler Kälte oder gar einem Zynismus, untergräbt dies die Bereitschaft des Probanden, das ärztliche Votum, und sei es noch so korrekt verfasst, zu akzeptieren. Entlädt sich in den Ausführungen des ärztlichen Sachverständigen ein nachhaltiges Mitgefühl, wird also eine „Helferrolle" – übernommen aus seiner kurativen Tätigkeit – nur allzu deutlich erkennbar, wird die beklagte Partei das Gutachten im Ergebnis selbst dann nicht akzeptieren wollen, wenn es nicht angreifbar ist. Eine genügend distanzierte Freundlichkeit im Umgang mit dem Probanden gepaart mit einer wachsamen Aufmerksamkeit bezüglich der stets interessengefärbten Angaben und Verhaltensweisen eines Gutachtenprobanden wird am ehesten der Forderung einer illusionsfreien Empathie gerecht.

Nach bestem (medizinischen) Wissen bedeutet eine genügende Fachkompetenz, abgestellt auf den aktuellen Wissensstand seines Fachgebiets. Im Arzthaftpflichtprozess wird vom ärztlichen Sachverständigen darüber hinausgehend erwartet, dass er den Wissensstand zur Anwendung bringt, der zum Zeitpunkt der beanstandeten ärztlichen Handlungsweise aktuell war, was gelegentlich zu entsprechenden Recherchen zwingt. Als Beispiel hierfür sei die Frage genannt, wann genau Laborverfahren zur Testung von Blutkonserven zum Ausschluss einer Hepatitis C zur Verfügung standen und ab wann sie zwingend in den Blutbanken angewendet werden mussten. Eine Infektion via Blutkonserve vor diesem Datum kann nicht, muss danach jedoch in jedem Fall als Folge einer vermeidbar fehlerhaften ärztlichen Handlungsweise angesehen werden.

Nach bestem medizinischen Wissen bedeutet aber auch, dass der ärztliche Sachverständige bei Nutzung von Außenseitermeinungen diese auch als solche kenntlich macht, ebenso theoretische Überlegungen – wie es wohl gewesen sein könnte – und Hypothesen, wenn diese die gutachtliche Beurteilung bestimmen.

Es entspricht einer Selbstverständlichkeit, dass fachspezifische Methoden und Standards eingehalten werden. Dies bedeutet letztendlich auch, dass Diagnosen kriterienorientiert (ICD10) zu kodieren und zu bezeichnen sind. Die Beurteilung hat transparent „step by step" zu erfolgen, dies mit einer Semantik, die dem medizinischen Laien die Nachvollziehbarkeit der Gedankengänge eröffnet [4]. Selbstverständlichkeiten für den Mediziner sind nicht selten fast unüberwindliche gedankliche Hürden für den medizinischen Laien, damit auch für den Richter, der dieses Gutachten in freier richterlicher Würdigung in eine Entscheidung umzusetzen hat.

Die Forderung nach dem besten medizinischen Wissen setzt also weit mehr als nur eine solide Fachkompetenz voraus, bedarf nämlich der Übung, für die Sachverständigentätigkeit im Arzthaftpflichtverfahren sogar der Perfektionierung des ärztlich-gutachtlichen Rollenverständnisses.

Die Forderung nach bestem (ärztlichen) Gewissen zielt ab auf ein Höchstmaß an persönlicher Integrität und Vertrauenswürdigkeit („Honesty") des beauftragten Sachverständigen, der sich durch ein adäquates Handeln in jedem einzelnen Begutachtungsfall diese Vertrauenswürdigkeit nicht nur zu erarbeiten hat, sondern auch erhalten muss. Diese Forderung nach dem besten ärztlichen Gewissen ist im Arzthaftpflichtprozess das Fundament der Wahrheitsfindung und damit der Rechtssicherheit schlechthin! Um dem gerecht zu werden, muss der Sachverständige erkennen, dass er nur ein Instrument einer Problemlösung ist, nicht hingegen derjenige, der die Problemlösung abschließend zu bewältigen hat. Das ist allein Sache des Richters.

Diese Forderung nach bestem ärztlichen Gewissen bedeutet aber auch, dass der Arzt die Grenzen seiner Beurteilungsmöglichkeiten klar erkennt und für den Richter kenntlich macht. So müssen unbeantwortbare Fragen auch unbeantwortet bleiben [6]. Eine Erläuterung könnte dahingehend erfolgen, warum eine Frage nicht zu beantworten ist. Es ist dann allein Sache des Gerichts, unter beweisrechtlichen Aspekten eine Entscheidung herbeizuführen. Insofern sollte sich ein Sachverständiger auch nicht dem – durchaus gelegentlich ausgeübten – Druck seitens der Prozessparteien oder gar des Gerichts beugen, doch noch „irgendwie" eine Antwort zu finden, die jedoch „mit bestem ärztlichen Gewissen" nicht begründet vertreten werden kann.

Mit diesen gesetzlichen Vorgaben zum Rollenverständnis des (medizinischen) Sachverständigen ist dann auch der ethische Rahmen dieser Tätigkeit umrissen, der im Grunde die ethischen Grundsätze jeglicher ärztlichen Tätigkeit widerspiegelt, sogar dem hippokratischen Eid entspricht:

„Ich schwöre bei allen Göttern und Göttinnen, dass ich meine ärztlichen Verordnungen treffen werde zu Nutzen und Frommen der Kranken, nach bestem Vermögen und Urteil; ich werde sie bewahren vor Schaden und willkürlichem Unrecht."

Besonderheiten im Arzthaftpflichtprozess

Die allein dem Richter zustehende rechtliche Würdigung tatsächlicher Erkenntnisse setzt voraus, dass dem Sachverständigen die Fragen so gestellt werden, dass sie verstanden und sinnvoll beantwortet werden können und nicht zu rechtlichen Wertungen verleiten. Eine Frage im Beweisbeschluss dahingehend, ob der beklagte Arzt kunstfehlerhaft gehandelt habe, würde dem Sachverständigen einen ihm nicht zustehenden Beurteilungsfreiraum eröffnen, da es letztendlich allein Sache des Gerichts ist, diese Frage zu beantworten. Nur unterhalb dieser wertenden Ebene sind Fragestellungen des Gerichts zielführend:

■ Welche Diagnosemöglichkeiten haben bestanden?
■ Wurden diese Diagnosemöglichkeiten ausgeschöpft?
■ Wurden die Befunde richtig gedeutet?
■ Ist insofern die gestellte Diagnose als zutreffend anzusehen?
■ War die seinerzeit angewandte Behandlungs- bzw. OP-Methode zeitgemäß?
■ Standen andere Behandlungsmethoden zur Verfügung?
■ Welche Komplikationsdichte besteht für die angewandte Methode?
■ Ergab sich durch die gewählte Methode eine Risikovermehrung?
■ Wurden Kontraindikationen richtig erkannt und beachtet?
■ Wie erklärt sich der eingetretene Misserfolg?
■ Konnte der Misserfolg und damit der eingetretene Schaden vermieden werden?
■ Wenn nicht, wäre dies nachträglich zu erkennen, zu vermindern oder zu vermeiden gewesen?

Wird eine solche korrekte Fragetechnik des Gerichts vom medizinischen Sachverständigen angemessen und verständlich abgearbeitet, kristallisiert sich – für das Gericht – der eventuelle ärztliche Fehler von ganz allein heraus. Der erfahrene medizinische Sachverständige sollte diesen Fragenkatalog beherrschen, auch dann als Orientierung für seine Beurteilung nutzen, wenn solche Zielfragen „wegen fehlender Fachkunde des Richters" [2] nicht dezidiert gestellt werden.

Somit kann auf elegante Art und Weise mit einer rational geprägten Beurteilung letztendlich die eventuell unzulässige Frage nach dem „Kunstfehler" mit dem Hinweis auf die vorangegangene Beurteilung beantwortet werden. Damit vermeidet der ärztliche Sachverständige, in den ausschließlich dem Richter zustehenden Freiraum einer rechtlichen Würdigung einzudringen.

Grundsätzlich ist der medizinische Sachverständige im Arzthaftpflichtprozess gehalten, nach Eingang der Unterlagen mit Sorgfalt den Sachverhalt zu prüfen, die eigene Kompetenz für diese spezielle Problematik zu hinterfragen, aber auch zu prüfen, ob das Gericht mangels der nicht vorhandenen medizinischen Sachkunde möglicherweise die falschen Fragen gestellt hat. Dies gebietet die Erfordernis der „Waffengleichheit" in einem Prozess zwischen dem in medizinischen Dingen unerfahrenen Patienten und dem meist sehr erfahrenen Arzt. Das Gericht muss dann auf eventuell nicht erkannte, aber entscheidungserhebliche Sachverhalte hingewiesen werden. Als Beispiel sei auf die versehentliche, aber als nicht immer vermeidbar geltende Ligatur eines Harnleiters bei einer schwierigen Operation eines Uteruskarzinoms verwiesen. Der Kläger trägt vor, die Komplikation sei vermeidbar gewesen und damit als fehlerhafte ärztliche Handlungsweise zu werten. Wird dies – korrekterweise – vom Sachverständigen verneint, ohne den

Fortgang der Dinge zu berücksichtigen, wäre das Gutachten unvollständig und damit im Ergebnis fehlerhaft!

So gilt es zu prüfen, ob in Kenntnis dieser Komplikationsmöglichkeit in der Nachsorge genügend aufmerksam die Harnausscheidung geprüft und auf Zeichen eines Harnstaus geachtet wurde, um durch rechtzeitige Intervention den sonst drohenden Nierenverlust zu vermeiden.

Obwohl diese Nachsorge nicht gerügt wurde, genau hierin aber die fehlerhafte ärztliche Handlungsweise liegt, steht der Sachverständige in der Pflicht, das Gericht möglichst schon im Vorfeld der eigentlichen Begutachtung auf solche entscheidungserheblichen Sachverhalte hinzuweisen, zum einen, um den Parteien Gelegenheit zu geben hierauf zu reagieren, zum anderen aber auch, um dem Gericht die Möglichkeit einzuräumen, die richtigen Fragen zu stellen.

Beachtet der Sachverständige dieses Gebot der „Waffengleichheit" nicht, verletzt er das Recht des anderen, nämlich des Patienten, was die Verpflichtung zur Unparteilichkeit berührt.

Fakten und Dokumentation

Für die Durchführung der Begutachtung gilt der Grundsatz, dass ausschließlich Fakten die gutachtliche Beurteilung zu bestimmen haben. Diesbezüglich ist im Arzthaftpflichtprozess eine besondere Sensibilität des medizinischen Sachverständigen hinsichtlich fehlender Befunddokumente gefragt. Nicht selten gehen unerfahrene Sachverständige von der irrtümlichen Annahme aus, sie müssten ihr Gutachten allein auf der Grundlage der Gerichtsakten und eventuell schon beigezogener Krankenpapiere erstatten, wie dies in einem normalen Zivilprozess z. B. zwischen Proband und Versicherung üblich ist. Anders als in einem solchen Zivilprozess, in dem nur über das verhandelt wird, was von den Parteien in den Prozess argumentativ eingebracht wird, gilt im Arzthaftpflichtverfahren das Amtsermittlungsprinzip, sodass sämtliche Befunde und Schriftstücke, die im Verlauf der beanstandeten ärztlichen Tätigkeit – durch wen auch immer – erstellt wurden und die Beurteilung beeinflussen können, auch beigezogen werden müssen. Da weder der klagende Patient noch das Gericht übersehen kann, dass z. B. nach einer Meniskusentfernung nicht nur ein OP-Bericht vorliegen sollte, sondern in der Regel auch ein histologischer Befund, muss der Sachverständige auf das Fehlen dieses Schriftstücks hinweisen und dessen Beibringung betreiben. Die häufige gutachtliche Praxis im Arzthaftpflichtverfahren, dass all das, was nicht dokumentiert wurde, als korrekt gehandhabt vorausgesetzt wird, z. B. weil der beteiligte Arzt als erfahren gilt, ist schlicht unzulässig. Korrekt ist der gutachtliche Hinweis auf die für notwendig erachtete Untersuchung, die aber eben nicht dokumentiert wurde. Es ist dann Sache des Gerichts, in der Regel auch des beklagten Arztes, für die Beibringung eines solchen Dokuments Sorge zu tragen. Gelegentlich ergeben sich

Fragestellungen z. B. über Handlungsweisen im Rahmen einer Notfallversorgung, über die üblicherweise keine detaillierte Dokumentation erstellt werden. In solchen Fällen erscheint es ratsam, dem Gericht eine Zeugeneinvernahme im Beisein des Sachverständigen zu empfehlen, um über Zielfragen eine Klärung zu erreichen.

Der gutachtlich tätige Arzt ist schließlich verpflichtet, gerade im Arzthaftpflichtverfahren penibel alle genutzten Dokumente im Gutachten zu benennen und aufzulisten, um seine Entscheidungsgrundlagen zu offenbaren. Nur dann kann im Nachhinein auch geprüft werden, ob ggf. erst später in das Verfahren eingeführte entscheidungsrelevante Dokumente zu einer Überprüfung des gutachtlichen Votums führen müssen.

Die Arzthaftpflichtbegutachtung ist in aller Regel abgestellt auf länger zurückliegende Handlungsweisen und damit verknüpfte Sachverhalte. Insofern trägt zur Klärung nur selten eine Untersuchung des Klägers bei. Ergeben sich jedoch Aspekte, die eine solche Untersuchung ratsam erscheinen lassen, weil ggf. aus den aktuellen Befunden Rückschlüsse gezogen werden können, so muss dies bei Gericht beantragt und per Beweisbeschluss angeordnet werden, ist also ohne Genehmigung des Gerichts nicht möglich. Eine solche Untersuchung darf keine risikobehafteten diagnostischen Maßnahmen (z. B. Arthroskopie) beinhalten. Prinzipiell muss den Parteien (in der Regel den Rechtsanwälten) Gelegenheit gegeben werden, an dieser Untersuchung teilzunehmen, was jedoch ein Beisein z. B. bei Untersuchungen im Intimbereich ausschließt. Auch der beklagte Arzt hat prinzipiell ein Recht, an dieser Untersuchung teilzunehmen, jedoch nur mit Einverständnis des Klägers.

Speziell im psychiatrischen Bereich ist jedoch Vorsicht geboten, da sich die Diagnostik in diesem Fachbereich auf die anamnestische Exploration nicht nur der betroffenen Person, sondern häufig auch der Angehörigen stützt. Angehörige haben jedoch in jedem Prozess ein Zeugnisverweigerungsrecht. Darauf müssen die Angehörigen hingewiesen werden. Machen sie hiervon Gebrauch, dürfen eventuell dennoch getätigte Aussagen im Gutachten nicht verwertet werden.

Maßstab der gutachtlichen Beurteilung

Ärztliches Denken und Handeln wird auch in der modernen Medizin nachhaltig geprägt von der ärztlichen Erfahrung zu dem, was nützlich ist und was schadet. Nicht zuletzt hierin lagen die Gründe, dass – anders als im naturwissenschaftlichen Bereich – die medizinische Ausbildung erst ab dem 18. Jahrhundert nach und nach Eingang fand in den universitären Bereich. Im letzten Jahrhundert wurde die Medizin durch den Erkenntniszugewinn in der Biochemie und Physiologie, durch die Nutzung physikalischer Prozesse (z. B. Reizleitung am Herzen, Hirnströme etc.) nach und nach einer naturwissenschaftlich geprägten Denkweise angenähert, was der Wissenschaftlichkeit in der Medizin außerordentlich förderlich und dienlich war.

Bestand über Jahrhunderte hinweg eine breit gespannte Beliebigkeit ärztlicher Diagnostik und Therapie basierend auf ganz persönlichen ärztlichen Erfahrungen, wurde ein solches ärztliches Handeln besonders in den letzten Jahrzehnten immer mehr erkenntnisorientiert eingeengt, nicht nur durch den Zugewinn naturwissenschaftlich erfahrbarer und reproduzierbarer Erkenntnisse, sondern auch durch die Ablösung der persönlichen ärztlichen Empirik durch die Ergebnisse groß angelegter, letztendlich auch internationaler Studien auf der Grundlage eines wissenschaftlichen Studiendesigns, was zu einer Verdichtung und Vereinheitlichung belegbarer und reproduzierbarer, also „wissenschaftlich" geprägter Erfahrungen mit daraus abgeleiteter Erarbeitung z. B. von Leitlinien geführt hat. Diese kollektive Erfahrung mit der Folge zweifellos erheblicher Verbesserungen in der medizinischen Versorgung findet dennoch im ärztlichen Bereich nur schwer eine Akzeptanz, da dem das herkömmlich geprägte Denken des Arztes mit eigenen Erfahrungen entgegensteht. Bei nüchterner Betrachtungsweise entspricht die mangelnde Akzeptanz so genannter Leitlinien in der Ärzteschaft auch einem gerüttelten Maß an Uneinsichtigkeit, die sich nicht auch wiederfindet in diversen gutachtlichen Expertisen. Die Argumentation, dass man z. B. in der eigenen Klinik doch schon seit mehr als 20 Jahren eine bestimmte Methode erfolgreich anwende, somit diese Methode der Maßstab auch der gutachtlichen Beurteilung sein müsse, kennzeichnet viele Gutachten, die aber gerade deshalb im Ergebnis problematisch sind. Im Arzthaftpflichtverfahren ist eben nicht das als Maßstab für die Beurteilung zu bezeichnen, was der Sachverständige selbst in seiner täglichen kurativen Tätigkeit an diagnostischen Verfahren und therapeutischem Procedere bevorzugt. Die hieraus abgeleitete Argumentation, „das mache ich doch immer so" trägt gutachtlich nicht und zeichnet lediglich den ungeeigneten Gutachter aus.

Dem ist aber auch entgegenzuhalten, dass Leitlinien nur eine grundsätzliche Orientierung für den Sachverständigen darstellen können, der individuell zur Diskussion stehende Sachverhalt unter Umständen ein Abweichen von Leitlinienvorgaben nicht nur erlaubt, sondern im Einzelfall sogar erzwingt [3]. Dies bedarf dann jedoch einer nachvollziehbaren Begründung des Sachverständigen, die sich nicht darin erschöpfen darf, dass er z. B. von der Leitlinie XY noch nie etwas gehalten habe.

Gibt es also für einen speziellen medizinischen Bereich einen „Goldstandard", der in der wissenschaftlich geprägten Medizin unstreitig ist, dann ist dies auch die Basis der gutachtlichen Beurteilung, von der nur mit plausibler Begründung abgewichen werden kann.

Der Sachverständige muss insofern in der Lage sein, die Validität wissenschaftlicher Publikationen kritisch zu hinterfragen. Er muss in jedem Fall die Individualität des vorliegenden Krankheitsbilds und all seine Umstände würdigen, womit der Gültigkeit summarischer Aussagen aus der Literatur und aus Leitlinien Grenzen gezogen sein können.

Die gutachtliche Beurteilung ärztlichen Handelns hat sich stets am Standard des Fachgebiets des in Anspruch genommenen Arztes, aber auch und insbesondere an seiner Einordnung in der medizinischen Hierarchie zu orientieren. Detailfragen zur Diagnostik und zur Behandlung können unter Umständen eine unterschiedliche Beantwortung finden, abhängig davon, ob der in Anspruch genommene Arzt über die Qualifikation eines Allgemeinmediziners, alternativ eines Fachmediziners in eigener Praxis oder gar eines Fachmediziners in einer Chefarztposition einer Spezialabteilung aufweist. Diese Unterscheidung ist insbesondere gefragt, wenn diagnostische Fragen zur Diskussion stehen. Die Messlatte ist dann nicht das denkbare Maximum an diagnostischen Möglichkeiten selbst für entfernte differenzialdiagnostische Erwägungen, sondern das dem beanspruchten Arzt zur Verfügung stehende bzw. in seinem Tätigkeits- und Verantwortungsbereich zu erwartende Wissensniveau.

In dem untersten Bereich des Hausarztes und Allgemeinmediziners wird man also Abstriche machen müssen im Vergleich zu dem zu fordernden Niveau des Fachmediziners oder gar des Leiters einer speziellen Krankenhausabteilung. Von letzterem wird man in der Tat erwarten dürfen, dass er auch selten geforderte diagnostische Maßnahmen in die Wege leitet, sofern mit Standardmethoden die Aufklärung des Krankheitsbilds nicht möglich ist. Vom Hausarzt und Allgemeinmediziner wird man jedoch erwarten können, dass er nach Ausschöpfen der ihm zur Verfügung stehenden Möglichkeiten erkennen kann und muss, ob eine Weiterleitung des Patienten zum Fachmediziner geboten erscheint oder eine symptomatische Behandlung mit Klärung der Diagnose „ex juvantibus" zu verantworten ist. In der Tat ist es diese Schnittstelle, an der durch Überschätzung allgemeinärztlicher Möglichkeiten häufig Fehler erfolgen, gelegentlich mit katastrophalen Folgen für den Patienten (z. B. verschleppte Tumordiagnose).

Stehen Fragen zur Behandlungsmethode oder einem Operationsverfahren im Raum, ist der Maßstab der Beurteilung keineswegs die denkbar optimalste Methode, sondern eine Prüfung dahingehend, ob die gewählte Methode üblich und noch zeitgemäß war, noch vertretbar erscheint, auch wenn sie zum Zeitpunkt ihrer Anwendung nicht mehr die Methode der ersten Wahl darstellte, dies nicht zuletzt vor dem Hintergrund einer nach wie vor im medizinischen Bereich hoch gehaltenen Methodenfreiheit, dies allerdings innerhalb der von den wissenschaftlichen Gesellschaften gesetzten Grenzen.

Dabei kann die Übung eines Arztes mit der angewandten Methode und den dadurch erreichbaren guten Behandlungsergebnissen eine wesentliche Rolle spielen, da der behandelnde Arzt auch gehalten ist, möglichst das risikoärmste therapeutische Verfahren zur Anwendung zu bringen. Selbst die Methode der zweiten Wahl kann insofern bei Nutzung durch den hiermit besonders geübten Arzt zu besseren Ergebnissen führen als die Methode der ersten Wahl, die von ihm nicht genügend beherrscht wird.

Sosehr man sich also im Arzthaftpflichtverfahren einen Sachverständigen wünscht, dem jegliche persönliche Beziehung zu dem in Anspruch genommenen Arzt fehlt, so nützlich kann es sein, über Kenntnisse der Arbeitsmethoden und der Erfahrungen dieses Arztes zu verfügen. Hieraus resultiert ein weiteres Spannungsfeld für den ärztlichen Sachverständigen im Arzthaftpflichtprozess. Ist er räumlich „nahe dran" und weiß über die Verhältnisse in der beteiligten Klinik Bescheid, so ist dies vorteilhaft zur Wahrheitsfindung, birgt aber gleichzeitig auch die Gefahr einer persönlichen Nähe zu dem in Anspruch genommenen Arzt, was unter Umständen eine Befangenheit begründen kann.

Beweisrechtliche Aspekte

Auch im Arzthaftpflichtprozess ergeben sich gelegentlich Situationen, in denen eine Urteilsfindung basierend auf dem „Prima-facie-Beweis" (Beweis des ersten Anscheins) aufgebaut werden kann. Diese für den klagenden Patienten nicht unerhebliche Beweiserleichterung beschränkt sich jedoch auf Fallgestaltungen, bei denen aus einem typischen Geschehensablauf nach den Erkenntnissen der medizinischen Wissenschaft unweigerlich eine definierte Gesundheitsstörung entsteht. Dies gilt auch umgekehrt, wenn nämlich aus einem eingetretenen Schaden zwingend auf einen definierbaren Fehler rückzuschließen ist. Dies soll an Beispielen erläutert werden.

Erfolgte in vermeidbarer Weise eine Fehlpositionierung einer Endoprothese (ärztlicher Fehler), so lehrt die medizinische Wissenschaft, dass hieraus eine Funktionsstörung, dann auch eine frühzeitige Auslockerung mit Instabilität (Schaden) zu resultieren pflegt. Andere Ursachen für die Funktionsstörung und Auslockerung müssen daher nur dann im Gutachten thematisiert werden, wenn die Einwendungen des in Anspruch genommenen Arztes ernsthaft einen „atypischen Geschehensablauf" nahelegen, der Schaden also nicht von dem Arzt zu vertreten wäre.

Ergibt eine spätere Untersuchung bei einem operativ behandelten Unterschenkelbruch das Bild einer Defektheilung (Muskelnekrose, Nervenschaden) nachfolgend eines Kompartmentsyndroms (Schaden), so lässt der medizinische Erkenntnisstand und die zu fordernde größtmögliche Sorgfalt des Operateurs in der Nachbetreuung seines Patienten dem Sachverständigen gar keine andere Möglichkeit, als von einer mangelhaften postoperativen Überwachung (ärztlicher Fehler) auszugehen. Gerade in einem solchen Fall bedürfte es kaum vorstellbarer Einwendungen des beteiligten Arztes, um einen „atypischen Geschehensablauf" mit einer darauf aufbauenden Haftungsfreistellung plausibel zu machen.

Erfolgen solche Einwendungen, hat sich der Sachverständige – unter Umständen in einem Ergänzungsgutachten – nicht nur rein theoretisch und abstrakt mit der Frage nach der prinzipiellen Möglichkeit eines solchen atypischen Geschehensablaufs auseinander zu setzen, sondern er muss im konkreten Fall unter Nutzung aller ihm bekannt gewordenen Einzelheiten im Behandlungsablauf prüfen, ob darin eine ernst zu nehmende andere Ursache, wie vom beteiligten Arzt behauptet, erkennbar wird und sich realisiert hat. Dies wird allerdings nur in seltenen Fällen zu einer Änderung des gutachtlichen Ergebnisses führen, nämlich dann, wenn bezüglich dieses „atypischen Geschehensablaufs" eine hinreichende Plausibilität besteht.

Grober Behandlungsfehler

Die zunehmende Häufigkeit beanstandeter ärztlicher Handlungsweisen hat auch in der Ärzteschaft zu einer verbesserten Kenntnis typischer Probleme im Arzthaftpflichtverfahren geführt. So weiß so gut wie jeder Arzt, dass ein grober Behandlungsfehler für ihn Nachteile bewirkt z. B. mit einer Beweislasterleichterung für den klagenden Patienten oder gar einer Beweislastumkehr. Letzteres kann bedeuten, dass ganz automatisch das unerwünscht schlechte Behandlungsergebnis als Folge des Fehlers und nicht der Erkrankung angesehen wird, ohne dass der ursprünglich beweisbelastete klagende Patient hierfür noch einen Beweis antreten muss. Dann muss der in Anspruch genommene Arzt den – meist misslingenden – Gegenbeweis führen, dass das unerwünscht schlechte Behandlungsergebnis entweder überhaupt nicht oder jedenfalls nicht in dem eingetretenen Umfang auf seinem Fehler, sondern z. B. auf einer schicksalhaften Fortentwicklung des Krankheitsbilds beruht.

Besonders in solchen Fällen ist der Richter unabdingbar auf die Hilfestellung durch den fachkundigen ärztlichen Sachverständigen angewiesen. Es ist jedoch nicht Aufgabe des Sachverständigen, die Tatsache eines groben Behandlungsfehlers festzustellen, da dies wiederum eine Wertung darstellt, die ausschließlich dem Gericht zusteht. Aufgabe des Sachverständigen ist aber, dem Richter die hierfür notwendigen Erkenntnisse zu vermitteln. Er wird dem Richter in aller Regel begründet vortragen können, ob es sich „nur" um einen Fehler im Rahmen einer menschlichen Unzulänglichkeit gehandelt hat, der mehr oder weniger jedem einmal passieren kann. Nach dieser Definition [2] kann es sich nicht um einen groben Behandlungsfehler gehandelt haben.

Wurden jedoch allgemein gültige und jedem Arzt dieser Fachrichtung geläufige Regeln so eklatant verletzt, dass man nur noch von einem Fehler sprechen kann, der schlechterdings nicht unterlaufen darf, so ist von einem groben Behandlungsfehler auszugehen. In der juristischen Literatur wird dies gelegentlich auf die Frage verkürzt, ob der Chefarzt seinen fehlerhaft agierenden ärztlichen Mitarbeiter nur zu rügen hatte oder ein Rauswurf zwingend erschien.

Eine bessere Veranschaulichung ergibt sich aus folgendem Beispiel: Wird in der Hektik einer Unfallambulanz nach einem Sturz auf das Handgelenk nur an die Möglichkeit einer Speichenfraktur, nicht jedoch einer Kahnbeinfraktur gedacht, dementsprechend die Röntgendiagnostik angelegt, eventuell sogar eine – anfänglich meist fragwürdige – Linie im Kahnbein übersehen, wird man hieraus keinen groben Behandlungsfehler ableiten können.

Wenn jedoch der mit einem Gipsverband versehene Patient, der über kalte und blaue Zehen und eine zunehmende Gefühllosigkeit und Schwellung des Fußes klagt, nicht ernstgenommen und der Gipsverband nicht zumindest längs gespalten, besser noch abgenommen wird und hieraus ein Kompartmentsyndrom resultiert, so handelt es sich zweifellos um einen groben Behandlungsfehler vor dem Hintergrund des eisernen Grundsatzes: Der Patient im Gips hat immer recht.

Selbst wenn nun der erfahrene medizinische Sachverständige anhand dieser Unterscheidungsmerkmale sehr wohl erkennen kann, ob bei einer rechtlichen Würdigung von einem normalen, alternativ einem groben Behandlungsfehler auszugehen ist, darf er dies nicht mit diesen Worten konkretisieren, sondern muss die Ebene der Fehlleistung charakterisieren, um zu vermeiden, in die Ebene der rechtlichen Würdigung einzudringen, die das ausschließliche Reservat des Richters darstellt.

Aufklärungspflicht und Begutachtung

Ausnahmslos jedem Arzt sollte bewusst sein, dass fast jede ärztliche Behandlung, insbesondere jede Operation im rechtlichen Sinne eine „Körperverletzung" darstellt, dies nur dann nicht, wenn der Patient, aufgeklärt über Nutzen und Risiken der Behandlung, hierfür seine ausdrückliche Zustimmung erteilt hat. Eine Patienteneinwilligung hat nur dann eine vom Vorwurf der Körperverletzung befreiende Rechtswirkung, wenn ihr eine genügende Aufklärung vorausgegangen ist.

Dies festzustellen, entspricht einer Tatsachenermittlung, die nicht im Aufgabenbereich eines ärztlichen Sachverständigen liegen kann. Es ist allein Aufgabe des Gerichts, anhand der beigezogenen schriftlichen Unterlagen, alternativ oder ergänzend auch durch eine Zeugeneinvernahme die notwendige Beweiserhebung durchzuführen. Beweispflichtig für eine angemessene Aufklärung ist stets der in Anspruch genommene Arzt.

Dennoch besteht prinzipiell die Möglichkeit, dass auch in diesem Bereich der ärztliche Sachverständige dem Richter in der Würdigung der von ihm ermittelten Tatsachen mit seiner Sachkunde beistehen muss, z. B. bei der Frage, ob über eine bestimmte Komplikation hätte aufgeklärt werden müssen. In der Rechtsprechung gilt der Grundsatz, dass über extrem seltene und wenig bedeutsame Komplikationen nicht aufzuklären ist, während hingegen eine Aufklärung zu erfolgen hat über ebenso seltene exotische Komplikationen, wenn diese bei Realisierung eine nachhaltige Beeinträchtigung der Lebensqualität mit sich bringen.

Der Sachverständige ist dann gehalten, dem Gericht allgemeine Erkenntnisse über die Typizität von Komplikationen, ihre Häufigkeit und ihren beeinträchtigenden Charakter zu vermitteln. Hierbei kommt es in besonderer Weise darauf an, auf welche Statistiken sich der Sachverständige stützt, ob die Zahlen z. B. auf Statistiken aller Krankenhäuser beruhen oder nur Statistiken von Spezialkliniken zur Verfügung stehen. Dabei ist zu bedenken, dass dieses Zahlenmaterial in aller Regel keine Angaben darüber enthält, ob solche Komplikationen unvermeidbar und damit schicksalhaft oder auf einer ärztlichen Fehlhandlung beruhend aufgetreten sind.

Bei einer solchen Aufgabenstellung kann der ärztliche Sachverständige im Arzthaftpflichtverfahren schnell an die Grenze der Unbeantwortbarkeit einer Frage gelangen, was dann auch offen ausgesprochen werden muss.

Übernahmeverschulden

Wird von einem Arzt/Krankenhaus eine Behandlung übernommen, die nach objektiven Maßstäben eine Überforderung des Arztes darstellt oder die Möglichkeiten eines Krankenhauses überschreitet, ergeben sich hieraus gesundheitlich nachteilige Folgen für den klagenden Patienten, so handelt es sich um ein Übernahmeverschulden. Die Feststellung desselben obliegt wiederum allein der freien richterlichen Überzeugungsbildung. Auch hier muss sich gelegentlich der Richter der ärztlichen Sachkunde bedienen, unter Umständen nicht nur in der Eigenschaft als Sachverständiger, sondern auch als sachverständiger Zeuge. Der ärztliche Sachverständige hat nun zu prüfen, ob das Krankenhaus nach Größe und Bettenzahl, nach Gliederung der Abteilungen, Ausstattung mit Fachgebietsärzten und nach seiner Infrastruktur z. B. der OP-Abteilung, der Ausstattung und Kompetenz der Intensivabteilung, aber auch der Ausbildung und praktischen Berufserfahrung des in Anspruch genommenen (Chef-) Arztes befähigt und in der Lage war, den streitigen Eingriff vorzunehmen. Die Beantwortung solcher Fragestellungen verlangt eine fast schon „intime" Kenntnis der klinischen Strukturen, aber auch zur Herkunft und zur Berufserfahrung des in Anspruch genommenen Arztes. Der Sachverständige muss über Kenntnisse der Sollzahlen zu den Behandlungsfällen verfügen, also ab welcher Größenordnung regelhaft von der Eignung der Einrichtung zur Durchführung dieser Behandlungsmethode ausgegangen werden kann. Solchen Beurteilungen wird nur noch eine relativ kleine Zahl besonders befähigter, im klinischen Bereich verankerter Sachverständiger gerecht werden können.

Eine ähnliche Kompetenz ist gefordert, wenn das Problem der so genannten Anfängeroperation zur Diskussion steht. Auch hier muss der ärztliche Sachverständige im Auftrag des Gerichts gelegentlich die Ausbildungsbefähigung des Chefarztes oder seines Oberarztes überprüfen, auch feststellen, ob der Assistenzarzt in sinnvoller Weise an seine Aufgabe herangeführt wurde, der Ausbildungsstand des Assistenzarztes zur Durchführung dieser speziellen Operation genügte und eine ausreichende Aufsicht und Hilfestellung bei Durchführung des Eingriffs gewährleistet war. Auch bei solchen Fragestellungen bedarf es eines besonders befähigten Sachverständigen, der insbesondere mit Ausbildungsfragen vertraut sein muss.

Beantwortung der Beweisfragen

Ein gerichtlich veranlasstes Gutachten beruht immer auf einem Beweisbeschluss, in dem die Fragestellungen aufgelistet werden, die das Gericht vom Sachverständigen beantwortet haben möchte. Es reicht daher grundsätzlich nicht, auf die Fragestellungen in der gutachtlichen Beurteilung einzugehen. Vielmehr ist am Schluss des Gutachtens dezidiert jede Einzelfrage in einer Zusammenfassung der vorausgegangenen Beurteilungsschritte so knapp, aber auch so erschöpfend wie möglich zu beantworten. Je präziser und knapper die Fragestellung, umso knapper und klarer kann die Antwort sein. An keiner anderen Stelle des Gutachtens offenbart sich mehr die solide Vorbereitung des Gutachtenauftrages durch das Gericht.

Wird nach Kausalabläufen gefragt, so ist die Frage ihrer Wahrscheinlichkeit (nie – selten – häufig – immer) auszuleuchten. Hierzu benutzte medizinische Statistiken müssen nach ihrer Herkunft offenbart werden. Jede benutzte Quelle muss belegbar sein. Eine vage Formulierung dahingehend, dass sich der Ordinarius XY doch vor Jahren mal so auf einem Kongress geäußert habe, taugt zur Begründung einer Beurteilung mangels Nachprüfbarkeit nicht. Vielmehr ist der genutzte Stand der medizinischen Wissenschaft klar zu definieren, insbesondere bei Überprüfungen länger zurückliegender ärztlicher Behandlungen aufzuzeigen, welcher Wissensstand damals zur Verfügung stand.

Darüber hinaus ist der medizinische Sachverständige gehalten, auch unterschiedliche Schulmeinungen aufzuzeigen, selbst dann, wenn er ein unerbittlicher Verfechter einer der beiden ist. Dies gilt insbesondere dann, wenn die Anwendung unterschiedlicher Schulmeinungen zu unterschiedlichen Ergebnissen führen muss. Es ist dann wieder eine „wertende" Aufgabe des Gerichts zu entscheiden, auf welche Schulmeinung man die abschließende richterliche Würdigung aufzubauen gedenkt.

Somit sind Offenheit, Transparenz und zu vermittelnde Plausibilität unabdingbare Voraussetzungen für eine kritische Würdigung des Gutachtens durch die beteiligten Parteien, insbesondere aber durch das Gericht. Von Franzki [2] wurde dies auf die kurze Formel gebracht:

„Die richtige Einstellung zu seiner Aufgabe hat der Sachverständige nur dann, wenn er im Gerichtssaal zu den medizinischen Fragen mit derselben Offenheit Stellung nimmt wie in einem Ärztekonsilium oder auf einem Kongress mit seinen Fachkollegen."

Weitere Pflichten des Gerichtssachverständigen

Wird ein Arzt vom Gericht zum Sachverständigen ernannt, steht er in der gesetzlich geregelten Verpflichtung (§ 407 Abs. 1 ZPO), diese Aufgabe zu übernehmen, es sei denn, dass dem die fehlende Kompetenz zur Beurteilung der anstehenden Fragen entgegensteht. Ist dies nicht der Fall, kann der Sachverständige lediglich das Gericht unter Hinweis auf eine Arbeitsüberlastung durch „unabweisbare" Aufgaben um eine Entbindung vom Auftrag bitten. Nur in seltenen Fällen besteht die Möglichkeit zur Erklärung der persönlichen Befangenheit. Gemäß § 408 ZPO ist eine Gutachtenverweigerung nur aus gleichen Gründen möglich, wie sie Zeugen-Verweigerungsrecht (§ 383 und 384 ZPO) vorgegeben sind. Möglich ist auch eine Selbstablehnung wegen der Besorgnis der Befangenheit, wenn Umstände vorliegen, die geeignet sind, Misstrauen gegen die Unparteilichkeit zu rechtfertigen (§ 42 Abs. 2 ZPO).

Wird der Gutachtenauftrag jedoch vom Sachverständigen übernommen, muss er auch bereit sein, im Rahmen der gerichtlichen Verhandlung zur mündlichen Anhörung zur Verfügung zu stehen. Nach dem Prozessrecht muss der Richter einem entsprechenden Parteienantrag folgen. Im Arzthaftpflichtprozess wird so gut wie nie auf eine solche mündliche Anhörung des Sachverständigen verzichtet.

Sinn und Zweck dieser Anhörung kann die Erläuterung des Gutachtens gegenüber dem Gericht sein, insbesondere dann, wenn missverständliche oder gar unverständliche Formulierungen infolge Nutzung des medizinischen Vokabulars die Transparenz der gutachtlichen Beurteilung für den medizinschen Laien beeinträchtigen.

Der Sachverständige hat sich prinzipiell den Fragen der Parteien und des Gerichts zu stellen und ist auch gehalten, zu Einwendungen der Parteien soweit notwendig Stellung zu beziehen. Nicht selten wird er konfrontiert mit einem ergänzend in das Verfahren von einer Partei eingebrachten Privatgutachten, zu dem dann ebenfalls Stellung zu beziehen ist. Hierbei ist der Sachverständige unter Umständen gut beraten darauf zu bestehen, diese gutachtliche Überprüfung in Ruhe und unter Nutzung der wissenschaftlichen Literatur vorzunehmen, um sich dann ggf. schriftlich oder auch im Rahmen einer neuerlichen Verhandlung hierzu zu äußern. Er sollte sich nicht zu Schnellschlüssen verleiten lassen, die sich bei sorgfältigem Abwägen unter Umständen als nicht haltbar erweisen. Dies gilt umso mehr, als auch der ärztliche Sachverständige vom Gericht vereidigt werden kann.

Bei einer solchen mündlichen Einvernahme muss sich der medizinische Sachverständige darüber im Klaren sein, dass er sich erneut einem enormen Spannungsfeld aussetzt, dem er gewachsen sein muss. In der Regel trifft der ärztliche Sachverständige im Arzthaftpflichtverfahren auf Befürchtungen des Klägers, dass Kollegialität vor Objektivität gegangen ist, während der beklagte Arzt – gelegentlich durchaus zu Recht – die Profilierungssucht des Sachverständigen fürchtet, während das Gericht sich sorgt, dass unscharf bleibende Ausführungen des Sachverständigen die abschließende rechtliche Würdigung des Sachverhalts erschweren.

Nicht zuletzt vor diesem Hintergrund wird sich der Sachverständige bei seinem Auftreten vor Gericht eines Höchstmaßes an Seriosität zu befleißigen haben, wozu auch rein formelle Aspekte einen wesentlichen Beitrag leisten können: ein pünktliches Erscheinen vor Gericht, gepflegt und angemessenen Kleidung, Ausstrahlung einer ruhigen Souveränität mit überlegtem Vorbringen in gediegener Wortwahl und Sprache. Die Objektivität sollte erkennbar werden an den abwägenden Überlegungen unter Meidung auch nur des Anscheins einer Standessolidarität. Auch der psychologisch einfühlsame Umgang mit den nicht seltenen Emotionen des Klägers wird der Überzeugungskraft des Sachverständigen nützen, der sich unter keinen Umständen provozieren lassen darf, auch nicht von Unflätigkeiten, wie sie gelegentlich von einem einfach strukturierten Kläger unbedachterweise ausgesprochen werden [7]. Darüber sollte der Sachverständige hinwegsehen, zumal in einer straff geführten Verhandlung hierauf der Richter zu reagieren weiß.

Der gerichtserfahrene Sachverständige sollte auch in der Lage sein, Fallen stellende Fragen des Anwalts („Wie würden Sie das sehen, wenn...") nicht zu beantworten unter Hinweis darauf, dass eine solche theoretische Konstellation in dem konkreten Fall nicht zur Diskussion steht.

Diese Fallenstellerei kann unter Umständen auch noch nach Abschluss des Prozesses zum Zuge kommen und bedarf eines besonders vorsichtigen Umgangs. Wird der Sachverständige von der unterliegenden Partei nach dem Prozess aufgefordert, zu dem einen oder anderen Punkt noch einmal Stellung zu beziehen, sollte er dies unter gar keinen Umständen tun, sondern auf die Möglichkeit der Folgeinstanz oder auch einer nochmaligen Anfrage bei Gericht verweisen. Selbst durch den Anwalt wird nämlich auf diesem Wege gar nicht so selten versucht, den Sachverständigen im Nachhinein in Widersprüche zu verwickeln, um ihn sodann wegen einer falschen Begutachtung anzuzeigen. Hier gilt also eisern das Prinzip: Reden ist Silber, Schweigen ist Gold!

Fazit

Stellt schon die Sachverständigentätigkeit als solche hohe Anforderungen an das ärztliche Können, so bringt die Einbindung eines Arztes als Sachverständiger in einem Arzthaftpflichtprozess vielfältige zusätzliche Anforderungen mit, denen die große Überzahl der Ärzteschaft nicht – zumindest nicht ohne Weiteres – gewachsen ist.

Erfahrene Sachverständige im Arzthaftpflichtprozess sind dennoch in aller Regel Autodidakten, da eine sinnvolle Vorbereitung und Ausbildung auf diese Art der Sachverständigentätigkeit leider völlig fehlt. Während sämtliche Industrie- und Handelskammern sich zu einem Institut für Sachverständigenwesen e.V. zusammengeschlossen haben, das in ihrem Auftrag gezielt in Seminaren die von ihnen betreuten Berufe auf die Sachverständigenaufgaben vorbereitet, fehlt es in der Medizin, insbesondere seitens der berufsständischen Einrichtungen gänzlich an solchen Bemühungen. Den von den Kammern „öffentlich bestellten und vereidigten Sachverständigen" kennt die Medizin, anders als z.B. in Österreich, nicht. Es ist auch nicht zu erkennen, dass über eine Basisfortbildung für Ärzte zur Bewältigung gutachtlicher Aufgaben hinaus seitens der berufsständischen Einrichtungen und wissenschaftlichen Gesellschaften diese spezielle Aufgabe der Ausbildung angegangen werden könnte.

Der gutachtlich tätige Arzt bleibt somit in diesem speziellen Aufgabenbereich auf sich selbst gestellt, sollte daher das offene Zwiegespräch mit den Juristen, insbesondere den Richtern suchen, dabei das richtige Rollenverständnis erlernen, um schon auf der formellen Ebene Fehler zu vermeiden. Ein genügender medizinischer Wissensstand sollte ebenso eine Selbstverständlichkeit sein wie notwendige Basiskenntnisse zu beweisrechtlichen Abläufen. Der beauftragte ärztliche Sachverständige muss darüber hinaus in der Lage sein, das Rollenverständnis als ärztlicher Kollege (Helfer für seinen Kollegen) abzulegen, da er als Verursacher eines unberechtigten Prozesssieges letztendlich dem Ansehen des gesamten Berufsstands Schaden zufügt [1]. Der „Richter in Weiß" hat im Gerichtssaal nichts verloren, nicht zuletzt deshalb, weil damit die gesetzlichen Anforderungen an die Unparteilichkeit und Unvoreingenommenheit des Sachverständigen verletzt werden, ganz abgesehen davon, dass eine parteiliche, den ärztlichen Kollegen zugeneigte Sachverständigentätigkeit prinzipiell nicht nach bestem medizinischen Wissen und bestem ärztlichen Gewissen – dem hippokratischen Eid folgend – vorgenommen werden kann. Verletzungen dieser Verpflichtungen gefährden nichts Geringeres als das Rechtsgut der Rechtsstaatlichkeit im Arzthaftpflichtprozess. Dem sollte kein Arzt die Hand reichen.

Literatur

1. Foerster K (2004) Zur Verantwortung des medizinischen Sachverständigen. Med Sach 100:181–184
2. Franzki H (1987) Das Gutachten des ärztlichen Sachverständigen. Mitteilungen der Deutschen Gesellschaft für Chirurgie, Heft 4:119–124
3. Grans A (2005) Arzthaftungsrecht – Die Relevanz medizinischer Leitlinien nimmt zu. Dtsch Ärztebl 12:C 640–641
4. Hansis ML (2001) Die Begutachtung von Behandlungsvorwürfen. Unfallchirurg 104:668–670
5. Hausotter W (2000) Aufgaben und Stellung des ärztlichen Gutachters. Gesundheitswesen 62:468–472
6. König-Ouvrier I (2003) Der medizinische Sachverständige im Spannungsfeld zwischen Naturwissenschaft und Rechtssprechung – Prakt. Fragen im Umgang mit Gerichten. Kurzfassung im Dtsch Ärztebl 10:C 494
7. Paoli G (2004) Ich Opfer, du Täter. FAZ 31.08.2004, NR 202/S 35
8. Scheppokat K-D, Meu J (2001) Zur ärztlichen Begutachtung in Arzthaftpflichtsachen. VersR 1–7

Diskussion

? 1. Welche Behandlungsmaßnahmen erfordern eine schriftliche Aufklärung?

Grundsätzlich sind alle therapeutischen Maßnahmen aufklärungspflichtig. Die schriftliche Form ist nicht zwingend, sofern die Aufklärung in Gegenwart eines verlässlichen Zeugen erfolgt und möglichst auch durch einige schriftliche Notizen des Arztes in dem Krankenblatt nachvollziehbar dokumentiert wurde. Aus Beweisgründen sollte man jedoch die schriftliche Aufklärung – grundsätzlich immer mit handschriftlichen Einfügungen des Arztes – anstreben, wenn eine risikobehaftete Therapie durchgeführt wird und/oder erkennbar ein problematischer Patient (z. B. Lehrer) aufzuklären ist.

? 2. Welche Folgen bringt die Gesetzesänderung zur Haftung der medizinischen Sachverständigen? Wie sind Ihre Erfahrungen bei Haftungsfällen?

Grundsätzlich hat sich durch Einführung des § 839a BGB ab dem 01.08.2002 nur die Haftung des gerichtlichen Sachverständigen geringfügig gewandelt. Sowohl der vereidigte wie der unvereidigte Sachverständige haften jetzt einheitlich für ein grob fahrlässig und vorsätzlich unrichtig entstandenes Gutachten. Früher haftete der vereidigte Sachverständige bereits für Fahrlässigkeit, der unvereidigte Sachverständige nur für ein vorsätzlich falsches Gutachten (sittenwidrige Schädigung nach § 826 BGB).
In diese Haftung wurden mehrere Hürden für den Anspruchsteller eingebaut. Näheres findet sich hierzu in einem Beitrag des Verfassers in Heft 3/2006 der Zeitschrift „Med Sach".
Im außergerichtlichen Bereich ist keine Veränderung der Haftung des medizinischen Sachverständigen eingetreten.

? 3. Ist es Aufgabe des medizinischen Sachverständigen, die Frage nach einem groben Behandlungsfehler zu beantworten?

Zweifelsfrei nein, da dies bereits einer Beweiswürdigung gleichkommt, die ausschließlich dem Gericht zusteht. Auf die entsprechenden Ausführungen in meinem vorausgegangenen Beitrag darf insofern verwiesen werden.

5 Radiologische Diagnostik des Bewegungsapparats – Limitationen und Fehlerquellen

K. WÖRTLER

Die diagnostische Radiologie hat von den Anfängen der konventionellen Röntgendiagnostik bis heute insbesondere durch die Einführung computergestützter Verfahren, wie der Computertomographie (CT), der Magnetresonanztomographie (MRT) und der digitalen Radiographie, eine sprunghafte Entwicklung durchgemacht und ist aus der modernen Medizin nicht mehr wegzudenken. Erkrankungen des Bewegungsapparats gehören weltweit zu den häufigsten Indikationen für bildgebende Untersuchungen, wobei neben der konventionellen Röntgendiagnostik aufgrund ihres hohen Weichteilkontrasts besonders die MRT eingesetzt wird. Des Weiteren findet sich wohl auf keinem anderen Gebiet der Medizin ein vergleichbar hoher Anteil an „bildgebenden" Diagnosen, d.h. an Diagnosen, die primär mittels radiologischer Verfahren gestellt oder gesichert werden.

Das Vertrauen in die Zuverlässigkeit moderner bildgebender Verfahren ist nicht zuletzt aufgrund von Medienberichten, die den „gläsernen Menschen" als nahe Zukunftsvision verheißen, bei Patienten aber auch bei vielen nicht direkt mit bildgebenden Verfahren umgehenden Medizinern sehr hoch. Eine große Rolle spielt hierbei der Umstand, dass die Radiologie Erkrankungen scheinbar messbar oder zumindest visualisierbar, also irgendwie greifbar bzw. „objektivierbar" macht und daher einem auf der Bildgebung beruhenden Befund eher vertraut wird als einer aus rein klinischen Überlegungen abgeleiteten Diagnose. Aus dem Vertrauen in die Fähigkeiten der bildgebenden Diagnostik entspringt naturgemäß auch der Wunsch des Patienten nach sofortigem und uneingeschränktem Einsatz entsprechender Verfahren, dem in unserem Medizinsystem aufgrund verschiedenster Umstände bei verschiedensten Anlässen teils in sinnvoller, teils in weniger sinnvoller Weise, sicher aber insgesamt zu häufig nachgekommen wird.

Die Anwendung bildgebender Verfahren weist Limitationen auf und schließt Fehlerquellen ein, die entweder methodisch oder durch den Untersucher bedingt sein können und ihre vermeintliche „Objektivität" bisweilen einschränken oder sogar gänzlich aufheben können. Im Folgenden sollen Ursachen falsch negativer und falsch positiver Befunde in der radiologischen Diagnostik des Bewegungsapparats sowie mögliche andere Fehlerquellen erläutert und anhand typischer Beispiele illustriert werden.

Falsch negative Befunde

Falsch negative Befunde treten praktisch bei jedem bildgebenden Verfahren auf. Methodisch bedingte falsch negative Befunde sind solche, die auch retrospektiv in Kenntnis des Referenzstandards nicht anhand der angefertigten Aufnahmen erhoben werden können, stellen also Limitationen des Verfahrens selbst (z. B. Nachweisgrenze, räumliche Auflösung, Kontrastauflösung) dar. Die Häufigkeit falsch negativer Befunde beeinflusst die Sensitivität einer diagnostischen Methode, d. h. ihre Fähigkeit, von einer bestimmten Erkrankung betroffene Personen auch als solche zu erkennen. Die Sensitivität bildgebender Verfahren muss, wie auch die Spezifität (s. u.), in wissenschaftlichen Studien unter Verwendung eines Referenz- oder Goldstandards (histopathologischer Befund, intraoperativer Befund, Arthroskopie, anderes exaktes Verfahren zum Nachweis/Ausschluss der Erkrankung) ermittelt werden [1, 3, 6]. Die in der medizinischen Literatur publizierten Daten spiegeln in der Regel die diagnostische Leistung bei korrekter Durchführung des Verfahrens nach dem derzeitigen Stand der Technik wider, wobei die Aussagekraft der jeweiligen Publikation anhand der Qualitätskriterien der evidenzbasierten Medizin überprüft werden sollte [1, 6]. Bei suboptimaler technischer Durchführung eines radiologischen Verfahrens sind niedrigere Werte für Sensitivität und Spezifität anzunehmen.

Als Beispiel sei hier die diagnostische Leistung der MRT für die Detektion von Läsionen der Rotatorenmanschette des Schultergelenks genannt. Krankhafte Veränderungen der Rotatorenmaschette sind häufig und stellen eine häufige Indikation für die Untersuchung mittels MRT dar. Die Sensitivität des Verfahrens ist jedoch stark von der gewählten Untersuchungstechnik abhängig (Abb. 5.1). So weist die konventionelle MRT auch bei korrekter Durchführung für die Erkennung von Komplettrupturen der Rotatorenmanschette eine relativ hohe, für die Detektion von Partialrupturen jedoch eine deutlich geringere Sensitivität auf [2]. Wird die Untersuchung als sog. MR-Arthrographie, also nach intraartikulärer Gabe eines Kontrastmittels, durchgeführt, liegt ihre Sensitivität sowohl für Komplett- als auch für Partialrupturen bei über 90% [8, 13].

Insbesondere bei technisch sehr komplexen Verfahren wie der MRT besteht die Gefahr, dass ihre Aussagekraft durch eine suboptimale Durchführung (z. B. Wahl ungünstiger Pulssequenzen, Sequenzparameter, Schichtorientierung) eingeschränkt wird. Prinzipiell ist die jedoch auch bei den übrigen radiologischen Verfahren möglich. Derartige Fehler können nur durch qualitätssichernde Maßnahmen vermieden werden. Entsprechende Standards wurden in den Richtlinien des Bundesausschusses der Ärzte und Krankenkassen (Qualitätsbeurteilung in der radiologischen Diagnostik, MRT) und den Leitlinien der Bundesärztekammer (Qualitätssicherung in der Röntgendiagnostik, CT, MRT) aufgestellt [9–11, 18, 19]. Empfehlungen für die Wahl geeigneter Untersuchungsprotokolle speziell für die muskuloskelettale MRT wurden von der Arbeitsgemeinschaft Muskuloskelettale Di-

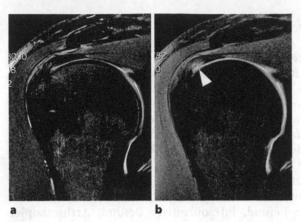

Abb. 5.1. Artikularseitige Partialruptur der Supraspinatussehne. MRT. **a** Auf einer konventionellen MR-Aufnahme (intermediär gewichtete TSE-Aufnahme) ist lediglich eine diskrete Signalalteration erkennbar. **b** Das korrespondierende MR-Arthrogramm (fettgesättigte T1-gewichtete SE-Aufnahme nach intraartikulärer Kontrastmittelapplikation) zeigt einen artikularseitigen Kontrastmitteleintritt in das Sehnengewebe (Pfeilspitze) und lässt somit die Diagnose einer Partialruptur eindeutig zu

agnostik der Deutschen Röntgengesellschaft erarbeitet [20]. Besonders für die MRT ist in Zukunft jedoch eine stärkere Qualitätskontrolle bezüglich Indikationsstellung und Durchführung zu fordern.

Auf Seiten des Untersuchers können falsch negative Befunde verschiedene Ursachen haben. Sie setzen sich aber prinzipiell aus Detektions- und Interpretationsfehlern zusammen [12]. Die Detektion pathologischer Veränderungen auf radiologischen Aufnahmen ist von Kenntnisstand und Erfahrung des Untersuchers bezüglich des Untersuchungsverfahrens, des Befundmusters der Erkrankung (direkte/indirekte Zeichen) und des Krankheitsbildes abhängig. So stellt beispielsweise die Fraktur des Radiusköpfchens die auf konventionellen Röntgenaufnahmen am häufigsten übersehene Fraktur dar, da direkte Frakturzeichen (Frakturlinie, kortikale Stufe) auf Aufnahmen in Standardprojektion nicht selten schwer oder gar nicht erkennbar sind. Der Nachweis eines Gelenkergusses stellt hier ein wichtiges indirektes Zeichen (Abb. 5.2) dar, anhand dessen diese Verletzung ggf. unter Einsatz weiterer Röntgenaufnahmen oder anderer Verfahren (CT, MRT) mit größerer Sicherheit nachgewiesen bzw. ausgeschlossen werden kann [5].

Es liegt auf der Hand, dass eine Erkrankung, welche dem Untersucher nicht bekannt ist, von ihm auch nicht mit bildgebenden Verfahren diagnostiziert werden kann. Einfach gesagt, wird er also das diagnostizieren, was er kennt. Unter der Vielzahl der Erkrankungen des Bewegungsapparats finden sich naturgemäß neben häufigen pathologischen Befunden viele seltene oder seltenere Entitäten, deren exakte Kenntnis vom Spezialisten, nicht jedoch vom allgemeindiagnostisch Tätigen erwartet werden kann. Darüber hinaus hat sich in den vergangenen Jahren das Detailwissen in der Ortho-

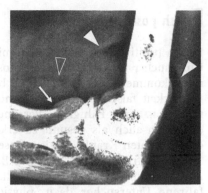

Abb. 5.2. Fraktur des Radiusköpfchens. Indirekte Röntgenzeichen. Auf der Röntgenaufnahme im seitlichen Strahlengang sind ein positives vorderes und hinteres Fettpolsterzeichen (weiße Pfeilspitzen) als Ausdruck eines Gelenkergusses bzw. Hämarthros sowie eine Verlagerung der Supinator-Fettlinie (offene Pfeilspitze) in Folge eines lokalen Hämatoms erkennbar. Die Fraktur selbst stellt sich auf dieser Aufnahme nur als diskrete Stufe in der Kortikalis (Pfeil) dar.

pädie und der muskuloskelettalen Radiologie auch bezüglich vermeintlich „banaler" Krankheitsbilder vervielfacht. Letztlich ergibt sich daraus die Notwendigkeit, die muskuloskelettale Radiologie wie bereits in den USA, Großbritannien und anderen europäischen Ländern üblich [17], als radiologische Subspezialisierung einzuführen bzw. für die Durchführung und Befundung diagnostischer Untersuchungen am Bewegungsapparat einen entsprechenden Befähigungsnachweis zu fordern.

Eine weitere Ursache falsch negativer Befunde stellt die Fehlinterpretation pathologischer Veränderungen durch den Untersucher dar. Hierbei wird der abnorme Befund zwar prinzipiell als solcher erkannt, jedoch als Folge einer anderen Erkrankung, Ausdruck einer Normvariante oder als methodisch bedingtes Artefakt fehlgedeutet. Eine Fehldiagnose, die durch Fehlinterpretation eines pathologischen Befunds hervorgerufen wird, ist beispielsweise die Diagnose eines „Weichteilhämatoms" in der MRT. Nicht selten entsprechen vermeintliche Blutungen, insbesondere wenn sie ohne adäquates Trauma auftreten, malignen Tumoren, die durch sekundäre Einblutungen maskiert werden können. Auf diesem Gebiet erfahrene Untersucher sind sich dieses Umstands bewusst und empfehlen bei zweifelhaften Befunden daher grundsätzlich eine bioptische Klärung.

Schließlich ist die Perzeption abnormer Befunde auf radiologischen Aufnahmen von der Aufmerksamkeit des Untersuchers, den Befundbedingungen und verschiedenen Umweltfaktoren abhängig. Die Gesetzmäßigkeiten der Perzeption wurden für verschiedene radiologische Verfahren (z.B. digitale Radiographie, Mammographie) wissenschaftlich untersucht [12]. Eine detailliertere Darstellung würde den Rahmen dieses Artikels sprengen. Für den Interessierten sei hier daher auf die umfangreiche Literatur zu diesem Thema verwiesen.

Falsch positive Befunde

Falsch positive Befunde werden mit größerer Wahrscheinlichkeit durch den Untersucher als durch das diagnostische Verfahren selbst verursacht. Dennoch kommen auch methodisch bedingte falsch positive Befunde vor. Die Häufigkeit falsch positiver Befunde bestimmt die Spezifität eines Verfahrens, d.h. seine Fähigkeit, Personen ohne bestimmte pathologische Veränderungen auch als gesund zu erkennen, also ausschließlich Personen mit der gesuchten Krankheit zu erfassen.

Das Auftreten falsch positiver Befunde ist in hohem Maß von Erfahrung und Kenntnisstand des Untersuchers abhängig. So neigen besonders unerfahrene Untersucher dazu, physiologische Befunde, Normvarianten oder methodisch bedingte Artefakte als Zeichen einer Erkrankung fehlzudeuten. Auch können tatsächlich pathologische Veränderungen, die jedoch durch eine andere als die gesuchte Erkrankung bedingt sind, als Folge der gesuchten Erkrankung fehlinterpretiert werden.

Typisches Beispiel für die Fehlinterpretation einer anatomischen Normvariante ist die Diagnose einer Fraktur bei Nachweis einer persistierenden

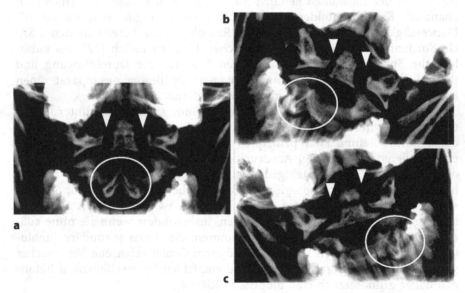

Abb. 5.3. Effekt der Rotation auf die Projektionsverhältnisse im atlantoaxialen Gelenk. **a** Die anteroposteriore Röntgenaufnahme in Neutralstellung zeigt unauffällige Verhältnisse. **b** und **c** Aufnahmen in linker und rechter Seitneigung lassen jeweils eine ipsilaterale Verbreiterung und eine kontralaterale Verschmälerung des Raums zwischen Dens axis und Massae laterales des Atlas erkennen. Dieses Phänomen wird bei sog. Funktionsuntersuchungen nicht selten als Zeichen einer atlantoaxialen Instabilität gedeutet. Tatsächlich handelt es sich um ein Projektionsphänomen, das auf eine geringe Rotation zur Seite der Neigung (physiologische Zwangsrotation) hervorgerufen wird. Die Rotation ist jeweils an der Verlagerung des Dornfortsatzes des Axis zur Gegenseite (Kreise) und der differierenden Projektion des Massae laterales zu erkennen

Apophysenfuge bzw. eines Ossikels. Beispiele für die Fehldeutung physiologischer Befunde sind die physiologische Pseudoluxation zwischen dem zweiten und dritten Halswirbel bei Kindern, die fälschlich als traumatische anteriore Subluxation interpretiert wird, und die vermeintliche Instabilität im atlantoaxialen Gelenk (Abb. 5.3), welche durch eine Rotationsstellung auf Röntgenaufnahmen vorgetäuscht werden kann [7].

Die Fehlinterpretation eines sekundären Knochenmarködems infolge degenerativer Veränderungen (Arthrose, Osteochondrose) als traumatisch bedingte Veränderung (Knochenkontusion, Fraktur) stellt ein typisches Beispiel für die Fehldeutung eines pathologischen Befunds dar (Abb. 5.4).

Methodisch bedingte Artefakte (Abb. 5.5) sind bei technisch komplexen Verfahren wie der MRT sehr viel häufiger und mannigfaltiger als bei den technisch vergleichsweise simplen konventionellen Röntgenverfahren. Die genaue Kenntnis derartiger Artefakte und ihrer Kompensationsmöglichkeiten ist daher praktisch nur von erfahrenen Anwendern dieser Verfahren zu erwarten. Befunder, die entsprechende Untersuchungen nicht selbst oder nur in geringem Umfang durchführen, neigen daher eher dazu, Artefakte als pathologische Befunde fehlzudeuten. Klassische MRT-Artefakte, die eine pathologische Veränderung des Bewegungsapparats vortäuschen können,

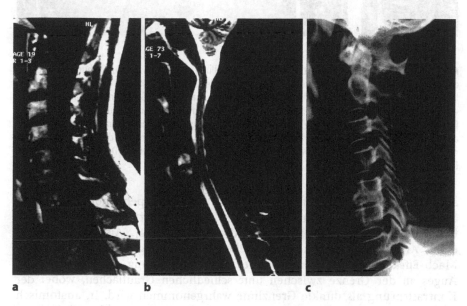

Abb. 5.4. Knochenmarködem bei Osteochondrose. **a** und **b** MRT. Sagittale T1-gewichtete und STIR-Aufnahmen zeigen ein Knochenmarködem des fünften und sechsten Halswirbelkörpers, das bei gleichzeitig nachweisbarer Bandscheibendegeneration als degeneratives Marködem bei Osteochondrose eingestuft werden kann. Bei Patienten mit der Anamnese eines Traumas werden derartige Veränderungen nicht selten als Verletzungsfolgen fehlinterpretiert. **c** Die zeitgleich angefertigte Röntgenaufnahme lässt unschwer entsprechende degenerative Veränderungen im Segment HWK 5/6 erkennen und illustriert die Bedeutung korrespondierender Röntgenaufnahmen für die Interpretation von MRT-Befunden

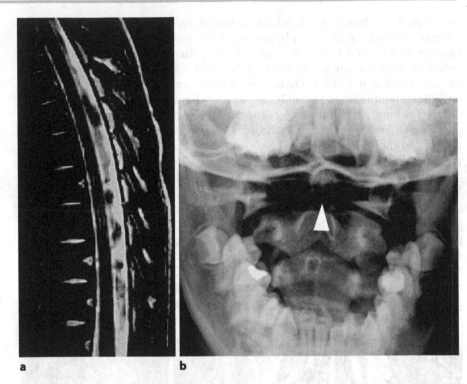

a   b

Abb. 5.5. Artefakte. **a** Flussartefakt in der MRT. Darstellung typischer Signalauslöschungen durch Li-quorpulsation auf einer T2-gewichteten TSE-Aufnahme der Wirbelsäule. Dieser nicht mit einer spina-len Gefäßmißbildung zu verwechselnde Artefakt ist auf Aufnahmen in TSE-Technik regelhaft im Brust-wirbelsäulenbereich erkennbar und kann durch eine Flusskompensation unterdrückt werden. **b** Mach-Effekt: scheinbare dunkle Grenzlinie zwischen Regionen mit unterschiedlichen Grauwerten (Pfeilspitze) auf einer Röntgenaufnahme des kraniozervikalen Übergangs. Dieser Effekt wird durch die Überlage-rung von Skelettelementen verursacht und kann wie in diesem Beispiel am Dens axis eine Fraktur-linie vortäuschen

sind z. B. Magic-Angle-Effekte (Sehnen- und Knorpelpathologie), Fluss-artefakte (spinale Gefäßmalformation), Trunkationsartefakte (Syringomye-lie) oder Partialvolumeneffekte (Bandpathologie) [14]. Als Paradebeispiel eines Artefakts in der konventionellen Röntgendiagnostik gilt der sog. Mach-Effekt. Dieser beschreibt eine Kontrasttäuschung des menschlichen Auges an der Grenze zwischen unterschiedlichen Grauflächen, wobei der Kontrastsprung als dunkle Grenzlinie wahrgenommen wird. In anatomisch komplexen Skelettregionen, wie dem kraniozervikalen Übergang, kann hierdurch z. B. eine Frakturlinie vorgetäuscht werden [4].

Im Hinblick auf die Häufigkeit falsch positiver Befunde kann die Bild-interpretation durch verschiedene äußere Faktoren beeinflusst werden. Hier-zu gehören das Anforderungsprofil des Zuweisenden, Anamnese, Vorbefun-de und Verhalten des Patienten sowie verschiedene nichtmedizinische Fak-toren. Das Anforderungsprofil, d. h. die Sicherheit und Überzeugungskraft, mit der die klinische Verdachtsdiagnose vorgetragen wird, kann den Auswerter bildgebender Untersuchungen genauso beeinflussen, eine bestimmte Erkrankung anhand fraglicher Befunde eher zu bestätigen, wie die Vorgeschichte des Patienten. Man kann beispielsweise feststellen, dass bei Patienten mit einer anamnestisch bekannten Tumorerkrankung auch eindeutig gutartige Veränderungen (Zufallsbefunde) häufiger als abklärungsbedürftig oder malignitätsverdächtig bewertet werden, während identische Befunde bei Patienten ohne derartige Vorgeschichte korrekt als harmloser Zufallsbefund bzw. Folge einer anderen gutartigen Erkrankung eingestuft werden. Ebenso besteht die Tendenz, bei Patienten, die eine Unfallanamnese angeben, bildgebend nachweisbare Veränderungen unkritisch als Folge des stattgehabten Traumas einzuordnen, und bei Patienten, die eindrücklich eine klinische Beschwerdesymptomatik schildern, fragliche Befunde eher als eindeutig pathologisch einzustufen.

Andere Fehlerquellen

Neben den bisher genannten Limitationen radiologischer Verfahren existieren weitere Fehlerquellen, die durch den nicht wissenschaftlich fundierten Einsatz bildgebender Methoden bedingt sind. Zu nennen sind hier die Wahl einer prinzipiell für die Erkennung einer bestimmten Erkrankung ungeeigneten Methode oder Untersuchungstechnik bzw. eines bisher nicht oder nicht ausreichend wissenschaftlich evaluierten Verfahrens, die Interpretation bildgebender Befunde bezüglich einer vermuteten Erkrankung

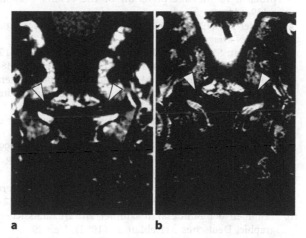

a   b

Abb. 5.6. Normale MRT-Anatomie des kraniozervikalen Übergangs. **a** u. **b** Koronare T1- und T2-gewichtete TSE-Aufnahmen zeigen die typische MR-Morphologie der Ligg. alaria (Pfeilspitzen) bei einem gesunden Probanden. Signalinhomogenitäten und Asymmetrien der Bandstrukturen stellen Normalbefunde dar und dürfen nicht als Folge stattgehabter Verletzungen fehlinterpretiert werden

ohne genaue Kenntnis der Normbereichs und der Einsatz bildgebender Verfahren zur „Detektion" wissenschaftlich nicht gesicherter „Krankheitsbilder". Beispielhaft kann man hier die umstrittene bildgebende Diagnostik der Ligg. alaria (Abb. 5.6) nach sog. HWS-Schleudertrauma anführen, bei der gleich mehrere dieser Fehler zum Tragen kommen. Neben der Voraussetzung der Existenz eines wissenschaftlich zweifelhaften Krankheitsbildes findet sich hier der Einsatz bildgebender Verfahren, welche für diese Fragestellung wissenschaftlich in keiner Weise evaluiert wurden (Sensitivität und Spezifität nicht bekannt). Des Weiteren wurden zum Teil MR-tomographische Untersuchungstechniken eingesetzt, die aufgrund ihrer räumlichen Auflösung prinzipiell für die Diagnostik kleiner Bandstrukturen ungeeignet sind und den Leitlinien der Qualitätssicherung keinesfalls genügen. Schließlich werden Befunde als pathologisch interpretiert, die inzwischen in Studien an gesunden Probanden als Normalbefunde identifiziert werden konnten [15, 16]. Derartige Anwendungen bewegen sich außerhalb einer fundierten und wissenschaftlich motivierten Radiologie und sollten keinesfalls als Basis zur Entscheidungsfindung eingesetzt werden.

Literatur

1. Arrivé L, Renard R, Carrat F et al (2002) A scale of methodological quality for clinical studies of radiologic examinations. Radiology 217:69–74
2. Balich SM, Sheley RC, Brown TR, Sauser DD, Quinn SF (1997) MR imaging of the rotator cuff tendon: interobserver agreement and analysis of interpretive errors. Radiology 204:191–194
3. Betrand P (1996) Methodology of a scientific study: from the formulation of the problem to the interpretation of the results – applications to radiology. Sante 6:139–144
4. Daffner RH (1983) Visual illusions affecting perception of the roentgen image. Crit Rev Diagn Imaging 20:79–119
5. Dihlmann SW, Meenen NM, Wolf L, Jungbluth KH (1992) Fat pad signs and supinator fat line in cubital trauma. Unfallchirurgie 18:148–153
6. Dodd DD, McEneaney PM, Malone DE (2004) Evidence-based radiology: how to quickly assess the validity and strength of publications in the diagnostic radiology literature. Eur Radiol 14:915–922
7. Harris JH, Edeiken-Monroe B (1987) The radiology of acute cervical spine trauma. 2. Auflage, Williams & Wilkins, Baltimore
8. Hodler J, Kursunoglu-Brahme S, Snyder SJ et al (1992) Rotator cuff disease: assessment with MR arthrography versus standard MR imaging in 36 patients with arthroscopic confirmation. Radiology 182:431–436
9. Leitlinien der Bundesärztekammer zur Qualitätssicherung in der Röntgendiagnostik. Deutsches Ärzteblatt 92 (1995), Heft 34/35:A-2272–2285
10. Leitlinien der Bundesärztekammer zur Qualitätssicherung in der Computertomographie. Deutsches Ärzteblatt 89 (1992), Heft 49
11. Leitlinien der Bundesärztekammer zur Qualitätssicherung in der Magnetresonanztomographie. Deutsches Ärzteblatt 97 (2000), Heft 39:A-2557–2568
12. Manning DJ, Gale A, Krupinski EA (2005) Perception research in medical imaging. Br J Radiol 78:683–685

13. Palmer WE, Brown JH, Rosenthal DE (1993) Rotator cuff: evaluation with fat-suppressed MR arthrography. Radiology 188:683–687
14. Peh WCG, Chan JHM (2001) Artifacts in musculoskeletal magnetic resonance imaging: identification and correction. Skeletal Radiol 30:179–191
15. Pfirrmann CWA, Binkert CA, Zanetti M, Noss N, Hodler J (2000) Functional MR imaging of the craniocervical junction. Correlation with alar ligaments and occipito-atlantoaxial joint morphology: a study in 50 asymptomatic subjects. Schweiz Med Wochenschr 130:645–651
16. Pfirrmann CWA, Binkert CA, Zanetti M, Boos N, Hodler J (2001) MR morphology of alar ligaments and atlatoaxial joints: study in 50 asymptomatic subjects. Radiology 218:133–137
17. Reiser M (2005) Subspezialisierung in der Radiologie. Radiologe 45:315–318
18. Richtlinien des Bundesausschusses der Ärzte und Krankenkassen über Kriterien zur Qualitätsbeurteilung in der radiologischen Diagnostik. Deutsches Ärzteblatt 94 (1997), Heft 12:A-779–787
19. Richtlinien des Bundesausschusses der Ärzte und Krankenkassen über Kriterien zur Qualitätsbeurteilung in der Kernspintomographie. Deutsches Ärzteblatt 98 (2001), Heft 12:A-786–795
20. Von der AG Muskuloskelettale Diagnostik der Deutschen Röntgengesellschaft empfohlene Protokolle für MRT-Untersuchungen der Gelenke und Wirbelsäule. Mitteilungen der DRG. Fortschr Röntgenstr 178 (2006), 128–130

6 Relevante Arzthaftpflichtfragen in der Manuellen Medizin

M. SCHILGEN

Einleitung

Kaum ein Kapitel zum Thema Arzthaftpflichtfragen wird so emotional und konträr diskutiert wie Komplikationen im zeitlichen Zusammenhang mit manueller Therapie an der Wirbelsäule. Nicht nur die Laienpresse greift die Thematik immer wieder sensationsheischend auf, sondern auch in medizinischen Fachzeitschriften hat die manuelle Therapie oft eine „schlechte Presse".

In einer Kasuistik wird über ein „ausgedehntes spinales epidurales Hämatom als seltene Komplikation bei chirotherapeutischer Manipulationsbehandlung der Halswirbelsäule" berichtet: Bei einer 27-jährigen Patientin wurden eine chirotherapeutische Maßnahme an der Halswirbelsäule (C5/6) und anschließend eine Facettengelenkinfiltration C5/6 durchgeführt. Nach 10 Minuten kam es zu Hirndruckzeichen... Das MRT zeigte eine epidurale Blutung... Die Patientin konnte nach wenigen Tagen symptomfrei entlassen werden [11]. Die potentiell für das spinale Hämatom verantwortliche Facettengelenkinfiltration im Segment C5/6 wird nur kurz erwähnt und als mögliche Ursache gar nicht in Betracht gezogen.

Ein Grund für diese schlechte Presse ist die Mythologisierung der Behandlungsmethode. Nicht nur von Laien, sondern auch von Ärzten und zum Teil sogar von einigen Manualmedizinern selbst wird das komplexe diagnostische und therapeutische Konzept „Manuelle Medizin" reduziert auf „kraftvolles Einrenken". Dabei werden praktische und wissenschaftliche Fortschritte der letzten Jahre ignoriert. Das gilt insbesondere für die Manipulation an der Wirbelsäule. Die heute in den Ärzteseminaren der Deutschen Gesellschaft für Manuelle Medizin bzw. in der Akademie für Manuelle Medizin an der Westfälischen Wilhelms-Universität Münster gelehrten Techniken haben mit denen von Heilpraktikern, sog. Chiropraktikern oder teilweise von in den USA tätigen Therapeuten nichts gemeinsam.

Die Problematik betrifft nicht nur einige wenige Manualmediziner, sondern ca. 17 000 Ärzte (Bundesärztekammer Stand 31. 12. 2005), die in Deutschland manualmedizinisch tätig sind. Allein über die gesetzlichen Krankenkassen werden ca. 14 Millionen Behandlungen pro Jahr durchgeführt [5].

Manuelle Medizin ist fester Bestandteil der Weiterbildungsordnung für das Gebiet Orthopädie und seit 1976 Bestandteil der ärztlichen Weiterbildungsordnung in Form der Zusatzbezeichnung Chirotherapie (heute Manuelle Medizin).

Auch international wird Manuelle Medizin vor allem bei der Behandlung von Rückenschmerzen im Rahmen offizieller Therapieleitlinien unterschiedlichster Länder empfohlen. In den USA, Neuseeland, Finnland, Großbritannien, Schweiz, Deutschland, Dänemark und Schweden wird der Einsatz während der ersten sechs Krankheitswochen empfohlen. In den Niederlanden erstreckt sich die Indikation auf eine Krankheitsdauer von über sechs Wochen, in Dänemark auch auf chronische bzw. rezidivierende Kreuzschmerzen. Nur in Australien bzw. Israel sieht man keine spezifische Indikation im Vergleich zu anderen konservativen Verfahren [8].

Insbesondere die Manipulation gehört zu den wenigen therapeutischen Verfahren, deren Wirksamkeit beim akuten und zum Teil auch chronischen Rückenschmerz gesichert ist [16]. Beim Kreuzschmerz ist die Wirkung mit der von nichtsteroidalen Antiphlogistika und Analgetika bei wesentlich günstigerem Nebenwirkungsprofil vergleichbar. Bei subakuten und chronischen Störungen der Halswirbelsäule mit oder ohne Kopfschmerz zeigen multimodale Konzepte aus Mobilisation und/oder Manipulation (einzelne oder wiederholte Behandlung) kombiniert mit Übungsprogrammen kurz- und langfristige Therapieeffekte [6].

Komplikationen im zeitlichen Zusammenhang mit manueller Therapie betreffen eigentlich nur die Manipulation an der Wirbelsäule. Die Behandlung der Extremitätengelenke und andere Therapieverfahren neben der Manipulation spielen bei der Erörterung von Komplikationen keine Rolle.

Die starke Pressepräsenz suggeriert eine hohe Zahl von Gutachter- bzw. Gerichtsverfahren. Hansis et al. [17] können diesen Eindruck durch Verfahrensanalyse für die Gutachterkommission der Ärztekammer Nordrhein, die für ca. 10 Millionen Einwohner zuständig ist, relativieren. Im Verlauf von 28 Jahren bis zum 31.8.2003 wurden lediglich 57 Verfahren, in denen die Chirotherapie im inhaltlichen Zusammenhang stand, eingeleitet. Nur in 16 Fällen wurde ein Behandlungsfehler anerkannt (Tab. 6.1).

Für den Alltag des Gutachters sind folgende Themen relevant:
▪ Die Dissektion der A. vertebralis oder A. carotis interna im Zusammenhang mit einer Manipulation der Halswirbelsäule

Tabelle 6.1. Festgestellte Behandlungsfehler und Folgen in 57 Verfahren nach chirotherapeutischer Behandlung (Gutachterkommission der Landesärztekammer Nordrhein (nach Hansis et al. 2004)

Festgestellte Fehler	Anzahl
▪ Fehlende Röntgenuntersuchung vor Behandlungsbeginn	5
▪ Fraktur übersehen	4
▪ Keine Indikation	3
▪ Verspätete Erkennung einer Minderdurchblutung	3
▪ Fehlerhafte Technik (Gefäßschaden)	1

▪ Bandscheibenläsionen im Zusammenhang mit einer Manipulation primär der Hals- und Lendenwirbelsäule.

Was ist Manuelle Medizin?

Es findet sich keine einheitliche Definition der Manuellen Medizin. Im Rahmen des Projekts Manuelle Medizin der Bertelsmann Stiftung wurde der folgende Ansatz erarbeitet [1]: „Die Manuelle Medizin befasst sich mit reversiblen Funktionsstörungen am Haltungs- und Bewegungssystem. Sie benutzt alle diagnostischen und therapeutischen Techniken an Wirbelsäule und Extremitätengelenken, die zur Auffindung und Behandlung dieser Störungen dienen."

Gegenstand der Manuellen Medizin ist die reversible, segmentale oder peripher artikuläre Dysfunktion („Blockierung"). Im Vordergrund steht ein eingeschränktes, fehlendes oder vermehrtes Gelenkspiel (Joint Play) innerhalb des physiologischen Bewegungsraums. Eine Blockierung hat somit nichts mit „Subluxation, Wirbelverrenkung, herausgesprungenem Wirbel oder Wirbelfehlstellung" gemein.

Basis der Manuellen Medizin ist die Palpation und körperliche Untersuchung zur Funktions- und Strukturanalyse des Bewegungssystems. Erst in zweiter Linie geht es im Rahmen der manuellen Therapie um die Verbesserung der gestörten Gelenk-, Muskel- und Weichteilfunktion.

Die manuelle Therapie gliedert sich wie folgt:
▪ Weichteiltechniken,
▪ Mobilisationstechniken,
▪ Manipulationstechniken,
▪ Automobilisation und Stabilisation,
▪ Rehabilitation, Trainingstherapie,
▪ Prävention, Rückenschule.

Da für die hier zu erörternde Problematik nur die Manipulationstechniken relevant sind, sollen die Anforderungen an eine korrekte Durchführung im Folgenden formuliert werden:
▪ Die Indikation zur Manipulation ist die segmentale hypomobile Dysfunktion (reversibel) ohne neurologischen Befund („Blockierung").
▪ Durch spezielle Lagerung oder Positionierung des Patienten bzw. der zu behandelnden Wirbelsäulenabschnitte kommt es zur Verriegelung der benachbarten Segmente. Dadurch wird eine selektive Behandlung eines Segments mit Schutzfunktion für die Nachbarsegmente erreicht.
▪ Eine schmerzfreie Einstellung des zu therapierenden Segments ist Bedingung.
▪ Erst dann folgt der Probezug/die Probebehandlung: eine langsame Bewegung in Richtung des vorgesehenen manipulativen Impulses, in Kraft und/oder Weg über ihn hinausgehend.

■ Abbruch bei verstärktem Schmerz bzw. verstärkter Nozireaktion.
■ Exakte Bewegungsrichtung, keine Rotation an der HWS.
■ Kriterien des Behandlungsimpulses: kurzer Weg, kurze Zeit, geringe Kraft.
■ Die Diktion „Einrenken" ist falsch und sollte keine Verwendung finden.

Folgende Mechanismen werden als Wirkungsgrundlage der Manipulation angesehen [3]:
■ Zusammenbruch eines nozizeptiven Regelkreises;
■ Lösen eingeklemmter Schleimhautfalten, artikulärer oder periartikulärer Adhäsionen;
■ Relaxation hypertoner Muskulatur durch Dehnungsreflex der Gelenkkapsel;
■ Verminderung mechanischer Nervenwurzelkompression.

Bandscheibendruckmessungen bei einer Manipulation der Lendenwirbelsäule (Segment L4/5), die mit feinen in der Bandscheibe liegenden Druckmesssonden durchgeführt wurden, konnten zeigen, dass der gemessene Druck sowohl bei der Vorspannung als auch beim Impuls vergleichbar ist mit dem Bandscheibendruck beim Sitzen auf einem Pezziball bzw. beim Sitzen nach den Regeln der Rückenschule [9]. Daraus ergibt sich kein Hinweis für eine mechanische Traumatisierung der Bandscheibe durch eine Manipulation der Lendenwirbelsäule.

Halsarterienläsion im zeitlichen Zusammenhang mit Manueller Therapie an der HWS

Zur Erfassung der Relevanz des Themas haben wir über zwei Jahre prospektiv 86 neurologische und neurochirurgische Kliniken zur Häufigkeit stationärer Krankenhausbehandlung in NRW im zeitlichen Zusammenhang mit manueller Therapie an der HWS befragt. Im Beobachtungszeitraum wurden 15 Fälle mit Läsionen der Halsarterien, von denen vier die A. carotis interna betrafen, gemeldet. Das Einschlusskriterium war lediglich ein zeitlicher Zusammenhang zur manuellen Therapie. Es wurden auch Läsionen, die noch nach Monaten auftragen, erfasst. Ungefragt wurden uns in diesem Zusammenhang allein aus zwei Kliniken 14 Spontandissektionen gemeldet, ohne dass hier manuelle Therapie eine Rolle spielte [12].

Hufnagel berichtete über 10 Patienten zwischen 27 und 46 Jahren, die im zeitlichen Zusammenhang mit einer HWS-Manipulation eine Vertebralis- (8-mal) bzw. Carotis-interna (2-mal) Dissektion erlitten. In allen Fällen war die Anamnese bezüglich vaskulärer Risikofaktoren unauffällig. Alle Vertebralisläsionen fanden sich im Bereich des Atlantoaxialgelenks. Bei der einen Hälfte der Patienten traten sofort, bei der anderen Hälfte innerhalb von 2 Tagen die entsprechenden neurologischen Symptome auf. Innerhalb von Stunden bis zu 3 Wochen kam es zu schweren neurologischen Ausfällen. Bei der Nachuntersuchung nach 4 Wochen bis 3 Jahren hatten sich bei der Hälfte der Patienten die neurologischen Ausfälle wieder zurückgebildet, während die andere Hälfte schwere Ausfälle behielt [7].

In einer der wenigen prospektiven Studien [14] wurden 4720 Behandlungen bei über 1000 Patienten durch 102 norwegische Chiropraktoren erfasst. Es kam zu keinen ernsten Komplikationen. In 55% der Fälle wurde eine Nebenwirkung im Verlauf von sechs Behandlungen mit überwiegend leichter oder mäßiger Ausprägung berichtet. Zur Rückbildung der Symptome kam es meistens innerhalb von 24 Stunden. Nur selten fand sich eine schwere Ausprägung der Beschwerden bzw. eine Beeinträchtigung der Alltagsaktivität.

Folgende Effekte geordnet nach Art und Häufigkeit wurden in der Studie von Senstadt [4] geschildert:

■ 53% lokale Missempfindung,
■ 12% Kopfschmerz,
■ 11% Müdigkeit,
■ 10% ausstrahlende Missempfindung,
■ 5% Schwindel,
■ 4% Übelkeit.

Zusammenfassend wird in der Literatur die Häufigkeit eines ischämischen Insults im zeitlichen Zusammenhang mit einer HWS-Manipulation auf einen Vorfall pro 1–2 Millionen zervikale Manipulationen eingeschätzt.

Durch die Tatsache, dass in unterschiedlichen Studien vaskuläre Risikofaktoren zur Identifikation eines komplikationsgefährdeten Patienten fehlen, sind die vielfach von Gutachtern verlangten klinischen Provokationstests, bei denen in der Regel eine Kombination aus Reklination, Rotation und Seitneigung der HWS durchgeführt wird, ineffektiv und dadurch unnötig. Sie sind nicht geeignet, um Risikopatienten zu identifizieren. Die Dokumentation ist deshalb auch nicht erforderlich.

Gibt es Läsionen gesunder Halsarterien durch ein mechanisches Trauma?

Viele Gutachter, insbesondere nicht selbst manualmedizinisch tätige Ärzte, gehen im Fall einer eingetretenen Dissektion der Halsarterien von einer mechanisch verursachten „Zerreißung" aus. Diese Annahme ist jedoch nicht haltbar. Es finden sich in der Literatur z.B. im Zusammenhang mit HWS-Distorsionstraumen keine gesicherten Hinweise für Dissektionsverletzungen hirnversorgender Halsgefäße [4]. Auch bei Wirbelsäulen- oder Kopfverletzungen durch Fußball, Rugby, American Football, Eishockey und Handball werden keine Läsionen der Halsarterien beschrieben [13].

Bemerkenswert ist das Fehlen von Verletzungen der Halsarterien bei in der Regel ungeübten Teilnehmern der Ärztekurse zur Erlangung der Zusatzbezeichnung Manuelle Medizin (persönliche Notiz Peter Bischoff 2003). Ergänzend muss nochmals bemerkt werden, dass die Manipultionstechniken vieler internationaler bzw. amerikanischer Studien in den Ärzteseminaren der Deutschen Gesellschaft für Manuelle Medizin bzw. in der Akademie für Manuelle Medizin nicht gelehrt werden.

Zusammenfassend gibt es nach heutigem Kenntnisstand der medizinischen Wissenschaft keinen Hinweis, dass eine sachgerecht durchgeführte manualmedizinische Manipulation an der Halswirbelsäule eine Dissektion gesunder hirnversorgender Halsgefäße primär verursacht. Die aktuelle Entwicklung in der anatomischen, zellbiologischen und genetischen Forschung zeigt jedoch, dass konstitutionelle Faktoren verminderter Belastbarkeit der Halsgefäße zu einer spontanen Dissektion führen können, ohne dass eine adäquate Traumatisierung des Gefäßes vorausgegangen ist.

Bei Behandlung mit Impulstechnik (Manipulation) im Akutstadium der Gefäßerkrankung kann es auf dem Boden der bereits vorhandenen Spontandissektion und im zeitlichen Zusammenhang mit dem manualmedizinischen Eingriff zu schweren neurologischen Komplikationen kommen [5]. Mit anderen Worten beruhen die in diesen Fällen zur ärztlichen Konsultation führenden Beschwerden auf einer bereits eingetretenen Spontandissektion.

Entscheidend für eine fehlerhafte Indikation zur Manipulation an der Halswirbelsäule ist die Frage, ob eine klinisch neurologische Untersuchung erfolgte und die Läsion durch neurologische Ausfälle für den Therapeuten erkennbar war.

Dissektionskrankheit der Halsarterien

Die Spontandissektion der Halsarterien (Dissektionskrankheit) ist nicht selten. Es werden 3000 Neuerkrankungen in Deutschland bei einem Durchschnittsalter von 45 Jahren vermutet. Insbesondere bei jüngeren Schlaganfallpatienten unter 45 Jahren spielt die Dissektion eine wichtige Rolle. Jeder sechste Patient hat im Laufe von Jahren mehrere Dissektionen. Risikofaktoren sind Veränderungen des Bindegewebes wie bei Marfan- oder Ehlers-Danlos-Syndrom bzw. bei a_1-Antitrypsin-Mangel [5].

Bei folgenden klinischen Symptomen muss an eine Dissektionskrankheit gedacht werden:

▪ In 66% akut aufgetretener Hals- und Hinterkopfschmerz (Peitschenschlag).
▪ Schmerzlokalisation vordere Halsseite bei A. carotis interna.
▪ Qualität: pulsierend, reißend, lanzinierend.
▪ Einseitiger, pulsierender, lageabhängiger Tinnitus.
▪ Keine schmerzfreie Bewegungsrichtung.
▪ Kurze Zeit nach Manipulation auftretende neurologische Symptomatik.

Bei folgenden neurologischen Alarmsymptomen muss vor einer Manipulation der Halswirbelsäule nach einer Dissektion gefahndet werden:

■ einseitige Parese beim Herausstrecken der Zunge,
■ Horner-Syndrom,
■ akut aufgetretene Doppelbilder,
■ Spontannystagmus,
■ ungeklärte Schluckstörungen.

Unter Zugrundelegung der Literatur und der geschilderten Probleme der Dissektionskrankheit müssen zur Zusammenhangsbeurteilung folgende Kriterien untersucht werden [2]:
■ ein mit der Einwirkung zu vereinbarender Zeitraum des Auftretens der Folgen (in der Regel sofort oder innerhalb von 24 Stunden auftretende Symptomatik);
■ eine zur Entstehung der Folgen geeignete Einwirkung;
■ die Übereinstimmung von Einwirkung und Schädigungsort (Manipulation im Bereich der oberen HWS);
■ das mit dem Zeitpunkt der Einwirkung übereinstimmendes Alter der Dissektion;
■ die mit dem Trauma zu vereinbarende Größe des geschädigten Areals.

Zur Beurteilung der Kausalität zwischen Manipulation und eingetretenem Schaden lassen sich drei Gruppen unterscheiden [4]:
■ Gruppe 1: Hier handelt es sich um Patienten, bei denen eine Manipulation lege artis durchgeführt wurde und eine Gefäßdissektion zu diesem Zeitpunkt bereits bestand.
■ Gruppe 2: Sie betrifft Patienten, bei denen eine Manipulation nicht lege artis durchgeführt wurde.
■ Gruppe 3: Hierzu gehören Patienten, bei denen trotz richtiger Diagnose und lege artis durchgeführter Manipulation eine Dissektion eintritt. Hier muss an Varianten oder Anlageschäden gedacht werden.

Es kann nicht unerwähnt bleiben, dass die häufig alternativ zur manuellen Therapie eingesetzten Behandlungsverfahren bei Funktionsstörungen der Wirbelsäule in der Regel ein vielfach erhöhtes auch letales Risiko haben

Tabelle 6.2. Tödlicher Ausgang durch Komplikationen im zeitlichen Zusammenhang mit HWS-Manipulation im Vergleich zu anderen Therapieverfahren (nach Rosner 2003)

Risiko	Häufigkeit pro 1 Mio Fälle
■ Manipulation der HWS	0,3
■ Gastrointestinale Blutung durch NSAID	400
■ Wirbelsäulenchirurgie	700
■ Hüftgelenkchirurgie	4900–15 300
■ Venenpunktion	40
■ Skelettszintigraphie	230

[10]. So wird die Häufigkeit tödlicher Komplikationen durch gastrointestinale Blutungen durch nichtsteroidale Antirheumatika als 1000-mal so hoch eingeschätzt wie ein letaler Ausgang im zeitlichen Zusammenhang zur Manipulation der HWS (Tab. 6.2).

Bandscheibenläsionen im zeitlichen Zusammenhang mit einer Manipulationsbehandlung der Wirbelsäule

In der gutachterlichen Praxis finden sich seltener Fälle einer neurologischen Symptomatik unmittelbar im zeitlichen Zusammenhang mit der angeschuldigten Manipulation analog zum Problem der Halsgefäßläsion. In der Regel kommt es erst im späteren Verlauf einer Rücken-Beinschmerz-Periode nach der bestimmten Manipulation zur neurologischen Symptomatik. Eine innerhalb dieses Zeitraums erfolgte Manipulation, die oft nicht einmal im entsprechenden Segment erfolgte, wird dann für die neurologischen Symptome verantwortlich gemacht.

Zwei Fallbeispiele sollen die Problematik dokumentieren:

Fallbeispiel 1

11.2.2003: Nach der manuellen Reposition hatte ich starke Schmerzen. ... am nächsten Tag waren die Schmerzen fast weg... Erstmalig am 17.2.2003 stellte ich fest, dass etwas mit meinem rechten Fuß nicht stimmt... Ich konnte den Fuß nicht anheben...

Spätere Diagnose: Mediorechtslateraler Bandscheibenvorfall L4/5.

... hat Herr Dr. XY bei meiner Mandantin eine manuelle Reposition durchgeführt. In unmittelbarem Anschluss daran litt sie unter starken Schmerzen... Die Ausgangsdiagnose war eine ISG-Blockierung, nach Reposition wurde ein Bandscheibenvorfall festgestellt, der ersichtlich vorher nicht vorgelegen hat...

Fallbeispiel 2

Die 17-jährige Patientin begab sich anlässlich eines Sportunfalls in die Behandlung des Beklagten... Der Beklagte erhob folgenden Befund: Seitverkrümmung und Flachrücken... Ausgeprägte Bewegungssteife... Lasègue links pseudopositiv.

Der Beklagte führte daraufhin eine chirotherapeutische Behandlung durch... Aufgrund zunehmender Schmerzen suchte die Klägerin den Beklagten erneut auf... Erneut Lasègue pseudopositiv. Erneute chiropraktische Behandlung...

Neun Tage später suchte die Klägerin wiederum den Beklagten auf wegen ständig anhaltender Beschwerden mit Taubheit im rechten Fuß... Überweisung an Facharzt für Neurologie... Nach Durchführung einer

Kernspintomographie stellte dieser Arzt die Diagnose „akutes Wurzelkompressionssyndrom L5 rechts bei Bandscheibenvorfall L4/5"... Am gleichen Tag wurde die Klägerin in der Neurochirurgie M. operiert.

...dass diese aus medizinischen Gründen aufzeichnungspflichtige neurologische Untersuchung nicht dokumentiert worden ist.

Fallanalyse

Im ersten Fall wurde eine Manipulation des Iliosakralgelenks bei einem Kreuzschmerzpatienten durchgeführt. Sechs Tage später kam es zu einer neurologischen Symptomatik, im weiteren Verlauf wurde ein Bandscheibenvorfall im Bereich der Lendenwirbelsäule diagnostiziert. In diesem Fall ist die Manipulation des Iliosakralgelenks für den Bandscheibenvorfall nicht ursächlich. Es handelt sich um einen Spontanverlauf mit primären Kreuzschmerzen, die sich spontan im Sinne eines Wurzelkompressionsyndroms verschlimmert haben. In diesem Beispiel muss der Gutachter anhand der Dokumentation und insbesondere des neurologischen Befunds klären, ob ein Bandscheibenvorfall erkennbar war. Selbst dann ist allerdings eine Manipulation des Iliosakralgelenks nach den oben erwähnten Regeln nicht kontraindiziert.

Im zweiten Fall war die Indikation zur Manipulation fehlerhaft. Der später diagnostizierte Bandscheibenvorfall war erkennbar bzw. hätte ausgeschlossen werden müssen. Der Beklagte hat klinische Befunde wie ausgeprägte Bewegungssteife, positives Lasègue-Zeichen fehlinterpretiert und trotz zunehmender Schmerzen erneut manipuliert. Darüber hinaus wurde eine neurologische Untersuchung nicht dokumentiert. In diesem Fall war eine Manipulation der Lendenwirbelsäule kontraindiziert. Offen bleibt, inwieweit die Manipulation wirklich den Krankheitsverlauf verschlimmert hat. Es soll nochmals erwähnt werden, dass es letztlich keinen Hinweis gibt, dass eine sachgerechte Manipulation an der Wirbelsäule eine Bandscheibenschädigung verursacht. Allein der zeitliche Zusammenhang zwischen einem manualmedizinischen Eingriff und dem Auftreten einer radikulären Symptomatik spricht auch dann nicht für einen ursächlichen Zusammenhang, wenn präformierte oder klinisch stumme Bandscheibenschäden zum Zeitpunkt der Behandlung bereits vorlagen [5].

Zusammenfassung

Worum muss es dem Gutachter bei dieser Thematik gehen? Zunächst gilt es Patienten vor etwaigen Komplikationen im Zusammenhang mit Manipulationen an der Wirbelsäule zu schützen. Dabei darf die wirksame Methode dem Patienten aber auch nicht ungerechtfertigt vorenthalten werden. Ihre

Häufigkeit muss auch korreliert werden mit gängigen nicht selten tödlichen Komplikationen bei alternativ zur Manuellen Medizin eingesetzten Therapieverfahren. Nochmals zu erwähnen ist die geschätzt 1000-mal so hohe Gefahr tödlicher gastrointestinaler Blutungen durch nichtsteroidale Antirheumatika. Diese Problematik wird in der Öffentlichkeit, vor allem in der Laienpresse, aber kaum diskutiert. Lediglich die Diskussion über schwere Nebenwirkungen der Coxibe hat die Aufmerksamkeit in diese Richtung gelenkt. Ein ebenfalls wichtiges Anliegen muss aber auch der Schutz der manualmedizinisch tätigen Ärzte vor ungerechtfertigten Vorwürfen sein. Manuelle Therapie gehört zu den wenigen Behandlungsverfahren, deren Wirksamkeit bei akuten und auch chronischen Rückenschmerzen sowie bei Funktionsstörungen der Halswirbelsäule mit und ohne Kopfschmerz nachweisbar ist.

Generell sind Komplikationen im zeitlichen Zusammenhang mit manueller Therapie selten. Unter den verschiedenen Behandlungstechniken im Rahmen des komplexen Gesamtkonzepts der Manuellen Medizin werden Komplikationen fast ausschließlich mit der Manipulation in Verbindung gebracht. Relevant sind Bandscheibenläsionen und Läsionen der Halsarterien in zeitlichem Zusammenhang mit Manipulation der entsprechenden Wirbelsäulensegmente. Es gibt zur Zeit keinen gesicherten Hinweis, dass eine gesunde A. vertebralis durch eine (sachgerechte) Manipulation der Halswirbelsäule verletzt werden kann. Gleiches gilt für eine Bandscheibenschädigung bzw. Verursachung eines Bandscheibenvorfalls. Klinische Provokationstests an der Halswirbelsäule sind nicht geeignet, Risikopatienten für eine Halsarterienläsion zu identifizieren. Eine Röntgenaufnahme vor Manipulation zum Ausschluss von Kontraindikationen ist erforderlich.

Für die Begutachtung ist es wichtig, dass entsprechend kompetente Ärzte, in der Regel ein praktizierender Manualmediziner, beauftragt werden.

Ein Behandlungsfehler liegt nur dann vor, wenn ein Bandscheibenschaden oder eine Dissektion vor einer Manipulation erkennbar war. Deshalb ist vor allem eine neurologische Untersuchung entsprechend durchzuführen und zu dokumentieren.

Risikoaufklärung

Es muss differenziert werden zwischen dem Gesundheitsschaden aufgrund
▪ Nichteinhaltung der ärztlichen Sorgfaltspflicht z. B. durch eine unzureichende Anamnese und/oder Diagnostik, eine nicht durchgeführte Probebehandlung, die falsche Indikationsstellung für die falsche Behandlungstechnik oder die unkorrekte Durchführung der Manipulation

und dem Gesundheitsschaden als
▪ Eintritt eines Risikos trotz Einhaltung der größtmöglichen fachspezifischen ärztlichen Sorgfalt. Bei einem solchen Gesundheitsschaden, der

sich trotz standardgerechtem ärztlichen Verhalten als Risiko verwirklicht, haftet der Arzt, wenn er über dieses Risiko nicht ordnungsgemäß aufgeklärt hat.

Bei der manualmedizinischen Behandlung an den Extremitäten sind derzeit keine eingriffsspezifischen, typischen Risiken bekannt, die einer Risikoaufklärung bedürfen.

Bei der Manipulation an der Wirbelsäule gibt es sehr seltene methodenspezifische Risiken, wenn vorbestehende Prädispositionsfaktoren nicht erkannt werden können: akute Dissektionskrankheit, Krankheiten, die nach heutigem Kenntnisstand eine Prädisposition für die Entstehung spontaner Dissektionen darstellen.

Unter diesen Umständen sind die Risiken einer Aktivierung des Thrombus mit den schwerwiegenden neurologischen Komplikationen auch mit größter fachspezifischer ärztlicher Sorgfalt nicht restlos beherrschbar. Diese Komplikation ist für den Patienten überraschend und kann seine Lebensführung schwerwiegend beeinträchtigen. Daher muss vor einer Manipulation der oberen Halswirbelsäule über diese Risiken unabhängig von deren Häufigkeit entsprechend den Anforderungen der Rechtsprechung aufgeklärt werden.

Ergänzend sei auf die Ergebnisse des interdisziplinären Symposiums zur Qualitätssicherung, Aufklärung und Dokumentation in der Manuellen Medizin an der Wirbelsäule im Juli 2003 verwiesen [5].

Literatur

1. Arbeitsgruppe Konsensus des Projektes „Manuelle Medizin" der Bertelsmann Stiftung Grundbegriffe der Manuellen Medizin Terminologie – Diagnostik – Therapie (1993) Springer, Berlin
2. Bischoff P (2002) Zur Frage der Dissektion hirnzuführender Gefäße in zeitlichem Zusammenhang mit chirotherapeutischen Anwendungen. Orthopädie Mitteilungen 6:382–383
3. Dishman JD, Bulbulian R (2000) Spinal reflex attenuation associated with spinal manipulation. Spine 25:2519–2525
4. Graf-Baumann T (2003) Vortrag Workshop zur Qualitätssicherung in der Manuellen Medizin an der Wirbelsäule. Frankfurt 4.–5.7.2003
5. Graf-Baumann T, Ringelstein EB (2004) Qualitätssicherung, Aufklärung und Dokumentation in der Manuellen Medizin an der Wirbelsäule. Manuelle Medizin 42:141–170
6. Gross AR, Hoving JL, Haines TA, Goldsmith CH, Kay T, Aker P, Bronfort G (2004) Cervical overview group. Manipulation and mobilisation for mechanical neck disorders (Cochrane Review) In: The Cochrane Library, Issue 2. Wiley, Chichester
7. Hufnagel A, Hammers, A, Schönle PW et al (1999) Stroke following chiropractic manipulation of the cervical spine. J Neurol 246:683–688

8. Koes BW, van Tulder NW et al (2001) Clinical guidelines for the management of low back pain in primary care: An international comparison. Spine 22:2504–2514

9. Moll H, Bischoff HP, Neef P, Caimi M, Wilke HJ, Claes L (1996) Bandscheiben-druckverhältnisse in vivo unter chirotherapeutischer Behandlung. Medizinische Kräftigungstherapie beim chronischen Lumbalsyndrom. Würzburger Kongress 1.–3.3.1996

10. Rosner AL (2003) Zerebrovaskuläle Ereignisse: Risiken der zervikalen Manipula-tionsbehandlung im Licht neuer Erkenntnisse – ein Überblick. Manuelle Medizin 41:215–223

11. Saxler G, Barden B (2004) Das ausgedehnte spinale epidurale Hämatom – Eine seltene Komplikation nach chiropraktischer Manipulationsbehandlung der Hals-wirbelsäule. Z Ortho 142:79–82

12. Schilgen M, Refisch A, Ringelstein EB (2004) Chirotherapie und Vertebralläsion: Eine prospektive fragebogenbasierte Erfassung der Häufigkeit stationärer Kran-kenhausbehandlungen. Manuelle Medizin 42:103–107

13. Second International Symposium on Concussion in Sport (2004) Br J Sports Med 38:654–664

14. Senstadt O, Leboeuf-Yde C, Borchgrevink C (1997) Frequency and characteristics of side effects of spinal manipulative therapy. Spine 22:435–441

15. Shekelle PG (1994) Spinal update spinal manipulation. Spine 19:858–865

16. van Tulder NW (2001) Die Behandlung von Rückenschmerz – Mythen und Fak-ten. Schmerz 15:499–503

17. Hansis ML, Weber B, Smentkowski U, Schräder P (2004) Vorgeworfene Behand-lungsfehler im Zusammenhang mit chirotherapeutischen Behandlungen. Manuelle Medizin 42:449–454

7 Komplikationsmöglichkeiten und Aufklärungsproblematik bei wirbelsäulennahen Injektionen im Bereich der Lendenwirbelsäule

T. L. SCHULTE, U. LILJENQVIST

Wirbelsäulennahe Injektionstechniken

Die Durchführung wirbelsäulennaher Injektionen sowohl zu diagnostischen als auch zu therapeutischen Zwecken gehört zur orthopädischen Routine in Klinik und Praxis. Zu unterscheiden sind tiefe paravertebrale Injektionen (TPV), Facettengelenkinfiltrationen, Iliosakralgelenks-(ISG-) Infiltrationen, Nervenwurzelblockaden, dorsale epidurale Injektionen, epidural-perineurale Injektionen, Diskographien und Triggerpunkt-Injektionen. Komplikationen sind grundsätzlich abhängig

- vom Typ der Injektion, insbesondere von der Positionierung der Nadelspitze,
- vom verwendeten Medikament,
- von den Umgebungsbedingungen und
- von individuellen medizinischen Faktoren des Patienten.

Injektionstypen

TPV-Injektionen zur Behandlung von Kreuz- und Kreuz/Beinschmerzen werden in Bauchlage oder sitzend von dorsal durchgeführt. Die Nadel wird auf dem Querfortsatz des entsprechenden Wirbels positioniert. Dort wird ein Medikamentengemisch injiziert (i. d. R. Steroid+Lokalanästhetikum, z. B. Naropin 0,2% 5–10 ml + 10 mg Volon A). Diese Technik findet vor allem therapeutische Anwendung. Empfehlenswert aber nicht zwingend notwendig ist die radiologische Kontrolle mittels C-Bogen in Bauchlage. Auch der von Haaker et al. empfohlene intravenöse Zugang ist als optional zu werten [47].

Facettengelenkinfiltrationen können sowohl diagnostisch (Lokalanästhetikum, z. B. Naropin 0,2%, max. 2 ml pro Gelenk) als auch therapeutisch (Lokalanästhetikum + Steroid, z. B. Naropin 0,2% 2 ml + 10 mg Volon A pro Gelenk) zum Einsatz kommen. Der Patient wird in Bauch- oder Schräglage positioniert. Empfehlenswert aber nicht zwingend notwendig ist auch hier die radiologische Kontrolle mittels C-Bogen [4, 23]. Die Nadelspitze wird bis in oder zumindest an das Gelenk vorgeschoben. Ein intravenöser Zugang ist nicht zwingend erforderlich [23], ebenso keine Sedierung, Antibiose, Monitoring oder Prämedikation [4].

▪ **ISG-Infiltrationen** zur Behandlung und Abklärung des Kreuzschmerzes können in Bauchlage aber auch am sitzenden oder sogar stehenden Patienten durchgeführt werden. Die Nadelspitze wird möglichst nah am Gelenkspalt, wenn möglich sogar im Gelenkspalt positioniert. Dies kann sowohl im kranialen als auch im mittleren oder kaudalen Gelenkabschnitt erfolgen. Die Nadel sollte entsprechend den Gelenkflächen schräg von der Mittellinie kommend eingeführt werden. Eine radiologische Kontrolle ist nicht zwingend erforderlich, bei Notwendigkeit einer intraartikulären Injektion aber ratsam. I. d. R. wird ein Steroid kombiniert mit einem Lokalanästhetikum injiziert (z. B. Naropin 0,2% 5–10 ml + Volon A 40 mg).

▪ **Nervenwurzelblockaden** zur Behandlung bzw. Abklärung von Kreuz-Bein-Schmerzen werden von dorsal in Bauchlage unter C-Bogen-Kontrolle durchgeführt. Sie kommen diagnostisch (z. B. Scandicain 0,5%, 1 ml pro Wurzel) und therapeutisch (z. B. Volon A 10 mg + Naropin 0,2% 2–3 ml) zum Einsatz. Die Nadelspitze wird möglichst nah an die anvisierte Nervenwurzel herangebracht, im Falle der Wurzeln L1 bis L5 wird die Nadel unter dem jeweiligen Querfortsatz vorgeschoben. Die S1-Wurzel erreicht man entweder durch das Neuroforamen S1/S2 oder indem man den Epiduralraum in Höhe L5/S1 punktiert und die Nadel im laterokaudalen Winkel positioniert. Nur bei Auslösung von Mißempfindungen im Dermatom der behandelten Nervenwurzel beim Vorschieben der Nadel oder bei Injektion der Medikamente bzw. bei Entwicklung von Taubheitsgefühlen im Dermatom nach Lokalanästhetika-Injektion ist die Wurzelblockade korrekt durchgeführt worden.

▪ **Dorsale epidurale Injektionen** zur Behandlung von Kreuz-Bein-Schmerzen werden am sitzenden Patienten ohne Röntgenkontrolle nach der Loss-of-Resistance-Technik durchgeführt. Die Nadelspitze wird median im Epiduralraum positioniert, ohne schräg in den Rezessus vorgeschoben zu werden. Auch hier wird i. d. R. ein Steroid mit einem Lokalanästhetikum kombiniert injiziert (z. B. Carbostesin 0,25% 2 ml + Volon A 10 mg).

▪ **Epidural-perineurale Injektionen,** ebenfalls zur Therapie von Kreuz-Bein-Schmerzen geeignet, werden therapeutisch in Bauchlage unter C-Bogen-Kontrolle mittels Doppelnadeltechnik durchgeführt. Alternativ sind diese Injektionen auch sitzend ohne Bildwandlerkontrolle möglich. Die Nadelspitze wird von kontralateral kommend durch das Lig. flavum schräg bis in den Rezessus zur Nervenwurzel vorgeschoben.

Bei allen bisher beschriebenen Infiltrationstypen kann bei Bedarf ein wasserlösliches Kontrastmittel zur Lokalisationskontrolle eingesetzt werden.

■ **Diskographien** sind rein diagnostische Tests zur Beurteilung von Bandscheiben, die ausschließlich von Wirbelsäulenspezialisten oder Radiologen durchgeführt werden sollten. In Doppelnadeltechnik wird ein wasserlösliches Kontrastmittel in die Bandscheibe injiziert. Der Widerstand bei Injektion, das Volumen des injizierten Kontrastmittels, das Verteilungsmuster des Kontrastmittels und die Art des ausgelösten Schmerzes geben dem Untersucher wichtige Informationen über den Zustand der untersuchten Bandscheibe. Im Anschluss an eine Diskographie wird häufig eine Computertomographie zur genauen Darstellung der Kontrastmittelverteilung durchgeführt. Diskographien werden unter Röntgenkontrolle in Bauch- oder Seitenlage durchgeführt. In der Regel wird ein posterolateraler extraduraler Zugang gewählt.

■ **Triggerpunkt-Injektionen,** ein ausschließlich therapeutisch genutztes Verfahren, werden in der Regel mit Lokalanästhetikum durchgeführt. Der Triggerpunkt ist ein kleiner umschriebener Punkt an empirisch gefundenen, reproduzierbaren Lokalisationen der Rückenmuskulatur, der schmerzhaft ist und einen ausstrahlenden, übertragenen Schmerz auslöst.

Alle Infiltrationsverfahren können sowohl ambulant als auch stationär durchgeführt werden. Der Patient sollte maximal eine milde Sedierung erhalten, um Komplikationen rechtzeitig zu bemerken. Eine Prämedikation ist nicht erforderlich.

■ Medikamente

Generell sollten die Dosierungen so niedrig wie möglich gehalten werden. Ältere Patienten und Patienten mit reduziertem Allgemeinzustand sollten niedrigere Dosen erhalten als junge Patienten mit gutem Allgemeinzustand. Bei Risikopatienten und Verwendung höherer Dosierungen muss vorab ein i.v. Zugang für Infusionen gelegt werden.

Lokalanästhetika

■ **Kontraindikationen:** Allergien, schwere Störungen des Herzreizleitungssystems, akut dekompensierte Herzinsuffizienz, erhöhter Hirndruck, erhebliche Störung der Blutgerinnung, schwere Nieren- oder Lebererkrankungen, Gefäßverschlüsse, schwere Arteriosklerose, diabetische Polyneuropathie.

■ **Nebenwirkungen:** Epilepsie, Kribbeln in Lippe und Zunge, Taubheit im Mundbereich, Ohrensausen, Sehstörungen, metallischer Geschmack, Angst, Unruhe, Zittern, Muskelzuckungen, Erbrechen, Desorientiertheit, Sprachstörungen, Benommenheit, Übelkeit, Schwindel, Schläfrigkeit, Verwirrtheit, choreiforme Bewegungen, Mydriasis, Tachypnoe, Tachykardie, erhöhter Blutdruck, Herzrhythmusstörungen, Blutdruckabfall bei intrathekaler Gabe.

Die verschiedenen Lokalanästhetika unterscheiden sich u. a. in der Wirkdauer (Lidocain: 60–120 min, Mepivacain: 90–150 min, Bupivacain: 120–240 min, Ropivacain 2-6 Stunden). Die Wirkung tritt bei allen genannten Lokalanästhetika rasch in einem Zeitfenster <15 Minuten ein.

Steroide (z. B. Volon A)

▪ **Kontraindikationen für Volon:** Allergien, Schwangerschaft, Kinder unter 6 Jahren.

▪ **Kontraindikationen für Volon zur Langzeittherapie:** Magen-Darm-Geschwüre, schwere Osteoporose, psychiatrische Krankheiten, akute Viruserkrankungen (Herpes zoster, Herpes simplex, Windpocken, Amöben, HBsAG-positive chronisch aktive Hepatitis, ca. 8 Wochen vor bis 2 Wochen nach Schutzimpfungen, tuberkulöse oder syphilitische Hautprozesse, systemische Mykosen, Parasitosen, Kinderlähmung, periorale Dermatitis, Lymphdrüsenvergrößerung nach BCG-Impfung, Rosacea, Abszess, eitrige Infektion, Krampfleiden, Myasthenia gravis, grüner Star.

▪ **Nebenwirkungen:** Verschlechterung einer bestehenden Herzinsuffizienz, NNR-Suppression, Vollmondgesicht, Stammfettsucht, Wachstumsverzögerung bei Kindern, Ausbleiben der Regelblutung, vermehrte Behaarung, Impotenz, verminderte Glucosetoleranz, Zuckerkrankheit, Natriumretention mit Ödembildung, vermehrte Kaliumausscheidung (cave Rhythmusstörungen), Striae rubrae, Hautatrophien, Teleangiektasien, Hypertrichose, Miliaria, Follikulitis, Pigmentverschiebungen, verstärktes Schwitzen, Petechien, Ekchymosen, Steroidakne, verzögerte Wundheilung, periorale Dermatitis, selten Überempfindlichkeitsreaktionen, Muskelatrophien, Osteoporose, aseptische Knochennekrosen, Sehneneinrisse, Depressionen, Gereiztheit, Euphorie, Antriebs- und Appetitsteigerung, Pseudotumor cerebri, Manifestation einer latenten Epilepsie, Magen-Darm-Geschwüre, Magen-Darm-Blutungen, Pankreatitis, arterieller Bluthochdruck, Erhöhung des Arteriosklerose- und Thromboserisikos, Vaskulitis, Leukozytose, Lymphopenie, Eosinopenie, Polyglobulie, Schwächung der Immunabwehr, Maskierung von Infektionen, Katarakt, Glaukom, Kopfschmerzen, Schwindel, Hitzegefühl, lokale Reizungen, Atrophien von Haut und Unterhautgewebe.

Steroidpräparate enthalten häufig Zusätze wie z. B. Benzylalkohol, denen bei intrathekaler Gabe Nebenwirkungen wie lokale Irritationen und Schmerzen sowie Krampfanfälle zugeschrieben werden [2].

Kontrastmittel (z. B. Isovist)

▪ **Absolute Kontraindikationen** Manifeste Hyperthyreose.

▪ **Relative Kontraindikationen:** Überempfindlichkeit gegen jodhaltige Kontrastmittel, latente Hyperthyreose, blande Knotenstruma, schwere Funk-

Tabelle 7.1. Grenzdosen unterschiedlicher für wirbelsäulennahe Injektionen genutzte Medikamente (für Erwachsene mit normalem Körpergewicht, d. h. ca. 70 kg)

Medikament	Wirkstoff	Empfohlene Dosis	Grenzdosis
▪ Carbostesin 0,25%	Bupivacain	5–10 ml für TPV, 1–3 ml pro Wurzel bei Nervenwurzelblockaden	60 ml
▪ Carbostesin 0,5%	Bupivacain	5–8 ml für TPV, 1–3 ml pro Wurzel bei Nervenwurzelblockaden	30 ml
▪ Naropin 0,2%	Ropivacain	2 mg/ml < 40 mg/h	100 ml
▪ Scandicain 0,5%	Mepivacain	< 60 ml	60 ml
▪ Scandicain 1%	Mepivacain	TPV: 5–10 ml pro Segment	30 ml
▪ Volon A	Triamcinolon (Kristallsuspension)	Facettengelenke: max. je 10 mg ISG: je 40 mg	80 mg (bei wiederholter Anwendung Injektionsabstand von 3–4 Wochen)
▪ Isovist-240	Iotrolan (jodhaltiges Kontrastmittel)	< 10 ml	18,75 ml

tionsstörungen von Niere und Leber, Herz-Kreislauf-Insuffizienz, Lungenemphysem, schlechter Allgemeinzustand, fortgeschrittene Hirnarteriensklerose, behandlungsbedürftiger Diabetes mellitus, Plasmozytom, Epilepsie.

▪ **Nebenwirkungen:** Kopfschmerzen, Meningitis, leichte Muskelspannungen, Parästhesien, allergische Reaktionen.

Bei Kontrastmittelgaben sollte in jedem Fall vor der Infiltration ein gesicherter intravenöser Gefäßzugang (flexible Verweilkanüle) geschaffen werden.

Einzelheiten sollten den entsprechenden Beipackzetteln entnommen werden.

Tabelle 7.1 zeigt die empfohlenen Dosen sowie die Grenzdosen häufig für Injektionszwecke verwendeter Medikamente.

▪ **Umgebungsbedingungen**

Laut AWMF-Leitlinien (Arbeitsgemeinschaft der Wissenschaftlichen Medizinischen Fachgesellschaften) [53] bedürfen Räume und Einrichtungen, die zur Infiltrationsbehandlung genutzt werden, regelmäßiger Reinigung und Desinfektion der patientennahen Gegenstände und Flächen sowie zusätzlicher Desinfektion nach Kontamination mit erregerhaltigem Material. Die Anzahl der Personen im Behandlungsraum ist auf das Notwendige zu beschränken. Laut Leitlinien ist die vom Behandlungspersonal ausgehende Keimstreuung aus den oberen Luftwegen am geringsten, wenn nicht gesprochen wird, weshalb Gespräche von der Verpackungsöffnung der sterilen Geräte/Lösungen bis zur Injektion/Punktion auf das Notwendigste zu beschränken sind. Bei Infektionen der Atemwege und regelmäßig bei Gelenkpunktionen mit Spritzenwechsel (Dekonnektion) sind Einmal-Gesichtsmasken zu verwenden. Generell sind ausschließlich sterile Einmalmaterialien einzusetzen. Der Patient ist sorgfältig vorzubereiten. Das Injektionsfeld ist so weit freizulegen, dass seine Kontamination durch Kleidungsstücke zuverlässig vermieden und der Arzt nicht behindert wird. Die Injektionsstelle und ihre Umgebung sind antiseptisch zu behandeln, nötigenfalls vorher zu reinigen. Dabei sind Hautantiseptika zu verwenden, deren Wirksamkeit wissenschaftlich erwiesen ist. Das Rasieren der Haare im Injektionsbereich wird für nicht sinnvoll erachtet, weil es dabei zu Hautverletzungen kommen kann, die eine Infektion begünstigen. Empfohlen wird deshalb bei störender Behaarung das Kürzen der Haare mit einer Schere und anschließendes Entfernen (z. B. mit einem feuchten Tupfer oder einem Pflaster). Aufbringen des Antiseptikums im Sprühverfahren, anschließend mechanische Reinigung durch Abwischen mit steriler Kompresse und erneute zweifache Sprühdesinfektion. Die satte Benetzung der Haut ist erforderlich. Eine Einwirkungszeit von 1 Minute darf nicht unterschritten werden (sofern nicht vom Hersteller eine längere Einwirkungszeit vorgeschrieben ist). Von der Kleidung, insbesondere von den Ärmeln, darf keine Infektionsgefahr ausgehen. Bei artikulären, periartikulären oder epiduralen Infiltrationen sowie bei Diskographien sind nach vorausgehender hygienischer Händedesinfektion sterile Handschuhe anzulegen. Die Öffnung der Ampullen und der steril verpackten Instrumente hat unmittelbar vor der Injektion zu erfolgen.

Laut AWMF-Leitlinien sind periartikuläre Injektionen hinsichtlich der Desinfektionsmaßnahmen den intraartikulären gleichgestellt.

Wir empfehlen Aspirationsversuche beim Vorschieben und nach entgültiger Positionierung der Nadel zum Ausschluss einer intravasalen Lage. Vor Injektion sollte die Nadel rotiert werden und erneut ein Aspirationsversuch erfolgen. Bei epiduralen Injektionen kann der Patient nach endgültiger Nadelpositionierung zur Erhöhung des intrathekalen Drucks husten, um eine Durapunktion auszuschließen. Für jede neue Infiltration sollte eine neue Nadel verwendet werden. Die Nadeln sollten ausschließlich am Kunststoffkopf berührt werden, nicht an der Spitze oder am Schaft. Generell sollten ausschließlich Nadeln mit Mandrin verwendet werden, um die Verschleppung eines ausgestanzten Hautzylinders in die Tiefe zu vermeiden. Generell vor Infiltrationen, besonders aber vor epiduralen, periradikulären oder intrathekalen Injektionen sowie vor Diskographien ist darauf zu achten, dass die Ausrüstung zur Wiederbelebung und die Notfallmedikation zur Therapie toxischer Reaktionen sofort verfügbar sind.

Tabelle 7.2 gibt einen Überblick über empfohlene Hygiene- und Überwachungsmaßnahmen bei unterschiedlichen Injektionsarten.

Tabelle 7.2. Empfohlene Hygiene- und Überwachungsmaßnahmen bei unterschiedlichen Injektionsarten

Injektionsarten	Hygienemaßnahmen	Überwachungsmaßnahmen **
■ Tiefe paravertebrale Injektion	Hautdesinfektion *	keine
■ Facetteninfiltration	Hautdesinfektion * sterile Handschuhe	keine
■ ISG-Infiltration	Hautdesinfektion * sterile Handschuhe	keine
■ Nervenwurzelblockade	Hautdesinfektion *	keine
■ Dorsale epidurale Injektion	Hautdesinfektion * sterile Handschuhe Mundschutz	Pulsoxymeter i.v. Zugang
■ Epidurale, perineurale Injektion	Hautdesinfektion * sterile Handschuhe Mundschutz	Pulsoxymeter i.v. Zugang
■ Diskographie	Hautdesinfektion * sterile Handschuhe Mundschutz	Pulsoxymeter i.v. Zugang
■ Triggerpunkt-Injektion	Hautdesinfektion *	keine

* Mechanisch und chemisch, Einwirkungszeit beachten.
** Grundsätzlich sollte jeder Patient zum Ausschluss sensomotorischer Ausfälle 30 Minuten nach Injektion überwacht werden.

■ Individuelle Faktoren des Patienten

Es empfiehlt sich, eine genaue Anamnese des Patienten vor der Infiltrationsbehandlung zu erheben. Besonders sollte Wert auf den Ausschluss der Kontraindikationen der geplanten Medikamente gelegt werden. Von jeglicher Art der Infiltrationsbehandlung sollte Abstand genommen werden, wenn eine Allergie gegen das geplante Medikament vorliegt, bei Hautinfektionen, Hautschäden oder Hauterkrankungen am Injektionsort (laut AWMF-Leitlinien), allgemeinen entzündlichen Erkrankungen (in diesen Fällen vor Beginn stets Laborkontrolle: CRP, Leukozyten, BSG), schweren neurologischen Grunderkrankungen, schweren Stoffwechselstörungen und Organerkrankungen (Herz-Kreislauf, Nieren, Leber, Lungen, Schilddrüse, Nervensystem), Infektionskrankheiten (Hepatitis, Tbc, AIDS etc.), Blutungsneigung, Neigung zu Abszessbildungen und Wundinfektionen, Thrombosen/Embolien in der unmittelbaren Vorgeschichte und bei Schwangerschaft. Ein unmittelbar postoperativer Zustand stellt keine Kontraindikation zur Infiltrationsbehandlung dar, verpflichtet allerdings zu strengster Einhaltung der Hygienemaßnahmen.

Werden zu infiltrierende Patienten antithrombotisch behandelt, so sind folgende Zeitintervalle zwischen antithrombotischer Therapie und Infiltration zu empfehlen:

■ unfraktionierte Heparine (prophylaktisch oder therapeutisch) 4 Stunden vorher, 1 Stunde nachher;

▪ niedermolekulare Heparine (prophylaktisch): 12 Stunden vorher, 4 Stunden nachher;

▪ niedermolekulare Heparine (therapeutisch): 24 Stunden vorher, 4 Stunden nachher.

▪ Acetylsalicylsäure: 3–5 Tage vorher;

▪ Clopidogrel: 7 Tage vorher;

▪ Ticlopidin: 10 Tage vorher.

▪ Bei vorheriger Einnahme von Kumarinen sollte ein INR von < 1,4 bei Infiltration vorliegen. Grundsätzlich gilt, dass die Kriterien, wann ein Patient trotz Einnahme von gerinnungshemmenden Medikamenten infiltriert werden darf, um so strenger sind, je näher die Infiltration an den Spinalkanal rückt.

Wie wichtig die genaue Anamneseerhebung ist, zeigt ein Beispiel von Shealy, der von zwei Patienten mit intraspinalen Tumoren berichtete, deren Symptome zu natürlich frustranen und zugleich risikoreichen Infiltrationsmaßnahmen geführt haben [104].

Komplikationsmöglichkeiten bei wirbelsäulennahen Injektionen

Klinisch relevante Komplikationen bei wirbelsäulennahen Injektionen treten nur in Ausnahmefällen auf. Sie sind so selten, dass sie im Fall ihres Auftretens häufig die Veröffentlichung im Rahmen einer Kasuistik rechtfertigen. Nur wenige Publikationen systematischer Studien an größeren Patientenkollektiven beschäftigen sich mit diesem Thema. Dennoch ist es für den behandelnden Arzt und den Patienten von Bedeutung, sich die wenn auch seltenen Komplikationsmöglichkeiten vor Augen zu führen.

▪ TPV-Injektionen

Haaker et al. berichten bei tiefen paravertebralen Injektionen mit Lokalanästhetika von keinerlei signifikanten Nebenwirkungen mit Ausnahme von sensiblen Defiziten von maximal 3 Stunden Dauer in 8,2%, milden Kreislaufreaktionen in 3,2% sowie einem Kreislaufkollaps (0,2%) [47]. Die gleiche Arbeitsgruppe berichtete 1999 über ein Nierenkapselhämatom sowie ein temporäres thorakales sensibles Querschnittsyndrom von insgesamt 4780 tiefen paravertebralen Infiltrationen [48]. Ongley et al. beschrieben tiefe paravertebrale Dextrose-Glycerin-Phenol-Infiltrationen inkl. Lokalanästhetikum und intraglutäale Steroidinjektionen im Vergleich mit einer Placebogruppe und fanden in 5% der Verumgruppe sowie in 2% der Placebogruppe Zunahmen des Menstruationsflusses, 5% der Verumgruppe entwickelten postmenopausale Schmierblutungen, 2% der Kontrollpatienten zeigten Kopfschmerzen und Husten, alle Behandelten klagten über kurzfristige lokale Schmerzen am Injektionsort und über Muskelverspannungen [87]. Einzelfälle von A.-spinalis-anterior-Thrombose nach paravertebraler Lokalanästhetika-Injektion werden berichtet [32]. Im Rahmen unserer gutachterlichen Tätigkeit ist uns ein Fall eines Querschnittsyndroms nach beidseitiger tiefer paravertebraler Infiltration bekannt, das am ehesten auf reflektorische oder volumenbedingte Durchblutungsstörungen des Rückenmarks zurückzuführen war. Kühn und Köster berichteten von zwei Fällen eines subkapsulären Nierenhämatoms nach TPV [64].

■ Facetteninfiltrationen

In der Literatur sind viele Studien und Übersichtsarbeiten über Facettengelenkinfiltrationen zu finden, in denen Nebenwirkungen nicht erwähnt werden [9, 10, 20, 40, 50, 55, 75, 78, 84–86, 102], wobei es unklar ist, ob dies so zu werten ist, dass keine aufgetreten sind oder dass die aufgetretenen nur nicht publiziert worden sind. Andere Studien beschreiben, dass keine Nebenwirkungen aufgetreten seien [48, 70, 98] oder dass lediglich Nebenwirkungen von kurzer Dauer und geringer Bedeutung beobachtet worden seien [8]. Hier werden z. B. kurzfristige lokale Schmerzen am Injektionsort [8, 73] genannt, bei Steroidinjektionen in einer Häufigkeit von bis zu 96% [73]. Nach Infiltrationen mit ausschließlich Lokalanästhetika (lumbal) werden temporäre milde Verspannungsgefühle im LWS-Bereich bei allen Patienten [26], moderate bis schwere Schmerzzunahmen in 32% inkl. Rücken- und Beinschmerzen für bis zu 72 Stunden [93] sowie milde Kreislaufreaktionen in 4,5% beschrieben [47]. Lilius et al. beobachten bei 7 von 109 Steroid-Lokalanästhetika-Infiltrationen (6%) leichte Nebenwirkungen, ohne diese näher zu definieren [68]. Kopfschmerzen werden bei Infiltrationen mit einem Steroid-Lokalanästhetika-Gemisch in knapp 10% der Fälle beschrieben, radikuläre sensible Defizite in 2%, Übelkeit in 2%, eine kurzfristige Schmerzverstärkung in 21% [79]. Bei Blockaden der die Facettengelenke innervierenden Nerven mit demselben Gemisch treten Kopfschmerzen in 7%, radikuläre sensible Defizite in 2%, Übelkeit in 2%, kurzfristige Schmerzverstärkung in 30% auf [79]. Alle von Marks et al. behandelten Patienten beurteilten die Infiltrationen als schmerzhaft und unangenehm, 32% der Patienten, bei denen es während der Infiltration zu einer deutlichen Schmerzzunahme kam, gaben auch einen Monat nach der Behandlung noch an, die Schmerzen seien stärker als vor der Infiltration [79]. In Einzelfallbeschreibungen sind auch septische Entzündungen der Facettengelenke bzw. paraspinale Abszessbildungen nach Facettengelenkinfiltration mit einem Steroid-Lokalanästhetika-Gemisch beschrieben [15, 74, 88]. Andererseits berichten Tilscher und Eder, dass bei über 100 000 intraartikulären Injektionen mit Procain bei ihren Patienten noch nie eine Gelenkinfektion aufgetreten sei [110]. Thomson et al. beobachten das Auftreten eines chemischen Meningismus, am ehesten durch versehentliche subarachnoidale Injektion bedingt, nach Steroid-Lokalanästhetika-Infiltration [109]. Goldstone und Pennant publizierten zwei Fälle von aufsteigender Spinalanästhesie bis C6 bzw. T3 nach lumbaler Facetteninfiltration [36].

Insgesamt sind Komplikationen der lumbalen Facettengelenkinfiltration selten [77, 112] und von kurzer Dauer [23]. Außer an Infektionen oder Nebenwirkungen der Medikamente ist vor allem an eine Duraperforation zu denken [112].

■ ISG-Infiltrationen

Insgesamt sind Komplikationen nach ISG-Infiltrationen selten [5, 28, 59, 112]. ISG-Infiltrationen können laut Literatur mit leichten Kreislaufreaktionen in bis zu 4,5% einhergehen [47, 48]. Kraftlosigkeit in den Beinen treten in bis zu 6% auf, am ehesten durch Wirkung der Lokalanästhetika auf den N. ischiadicus bzw. die diesen bildenden Nervenwurzeln bedingt [24]. Maugars et al. beschreiben in 9% temporäre lokale Schmerzen unmittelbar nach Injektion sowie in 5% Taubheitsgefühle des Perineums [81].

■ Nervenwurzelblockaden

Nervenwurzelblockaden sind laut Literaturrecherche sehr nebenwirkungsarm. Lutze et al. beschrieben in einem Drittel der von ihnen untersuchten Patienten angenehme Wärmegefühle unmittelbar nach der Injektion, die eher als positive Nebenwirkung zu werten sind [72]. Persistierende Paraparesen nach Nervenwurzelblockaden, erklärt durch versehentliche intraarterielle Injektion in eine sehr tief lokalisierte A. Adamkiewicz mit nachfolgender Infarktbildung des unteren Rückenmarks, wurden berichtet [52]. Tiso et al. beschrieben nach selektivem transforaminalem Block mit Steroiden in Höhe C5/6 einen massiven, zum Tode führenden Kleinhirninfarkt, am ehesten durch Embolien durch Steroidkristalle bedingt [111].

■ Dorsale epidurale Injektionen

Einige Studien über epidurale Injektionen verlieren leider kein Wort über Nebenwirkungen, was auch immer dies bedeuten mag [16]. Generell bergen epidurale Steroidinjektionen das Risiko einer Meningitis, die sowohl bakteriell [11, 22, 38, 104, 115] als auch chemisch [43, 101] bedingt sein kann. Zusätzlich zur Meningitis ist auch von epiduraler Abszessbildung berichtet worden [6, 37, 51, 60, 62, 76, 95, 115, 120]. Selbst subdurale Abszessbildung ist möglich [90]. Dilke et al. beschreiben kurzfristige radikuläre Schmerzen bei einer Minderheit der mit Steroiden behandelten Patienten [21]. Serao et al. beobachteten bis zu 57% Kopfschmerzen und 14% Übelkeit nach epiduraler Steroidinjektion [103]. Vasovagale Synkopen sind in 0,4% beschrieben, oberflächliche Infektionen in 0,1% [114]. Versehentlich intrathekale

Steroidinjektionen können gelegentlich zu einer chemisch bedingten Meningitis inkl. Hypoglykorrhachie führen [91]. Stambough et al. berichteten von einem transienten Hyperkortizismus nach epiduraler Steroidapplikation inkl. Gewichtszunahme, Flüssigkeitsretention, Mondgesicht, supraklavikulären Fettpolstern, Stiernackenbildung, Hämatomen, peripheren Ödemen, Nebennierenrindensuppression [106]. Sandberg und Lavyne berichteten von einer symptomatischen spinalen epiduralen Lipomatose nach epiduraler Steroidinjektion [97]. Jacobs et al. untersuchten an 12 Patienten die Nebennierenrindenfunktion nach epiduraler Injektion von 80 mg Methylprednisolon und konnten eine Nebennierenrinden-Insuffizienz von bis zu 3 Wochen nach Infiltration nachweisen [56]. Bei epiduralen Injektionen mit Steroid-Lokalanästhetika-Gemisch ist von folgenden Nebenwirkungen berichtet worden: Skip-Level-Diszitis mit Wirbelkörperosteomyelitis [122], Unregelmäßigkeiten in der Menstruation für mehrere Monate nach Infiltration [7], extradurale Abszessbildung [38, 61, 120], epidurale Hämatombildung [33, 42]. Übelkeit, Erbrechen und Pruritus werden in bis zu 6% beobachtet [94]. Haaker et al. konnten die Quote an Kopfschmerzen im Rahmen eines Liquorverlustsyndroms durch Verkleinerung der Nadeln von 24-Gauge- auf 27- oder 29-Gauge-Nadeln von 7,2 auf 2,2% senken [47], eine Folgestudie derselben Arbeitsgruppe konnte die Nebenwirkungsquote auf 0% senken [48]. Bei epiduralen Infiltrationen mit Steroiden und Morphinen werden temporäre Veränderungen der Vitalparameter in 15% beschrieben, Pruritus in 35–80%, Übelkeit in 20–40%, Erbrechen in 15–20%, Harnretention in 20%, Somnolenz in 25%, Bradykardien in 5% [13, 17]. Laut Dallas et al. beginnen die morphinassoziierten Nebenwirkungen innerhalb der ersten 2–3 Stunden nach Infiltration [17]. Epidurale Injektionen von ausschließlich Morphin können mit Pruritus in bis zu 60%, mit Übelkeit in bis zu 35% und mit Erbrechen in bis zu 10% einhergehen [34]. Bei Verwendung eines Morphin-Lokalanästhetika-Gemischs wird in 6% von Harnretention, in 31% von Übelkeit und Erbrechen und in 25% von Pruritus berichtet [14]. Rocco et al. beschrieben bei Infiltrationen mit einem Steroid-Morphin-Lokalanästhetika-Gemisch in 26% Atemdepressionen und Harnretention sowie in 21% Übelkeit, Erbrechen und Pruritus [94]. Bei epiduralen Clonidin-Infiltrationen ist regelmäßig mit Blutdruckabfällen und Sedierung der Patienten zu rechnen [34].

Bei der Durchführung jeder Art von epiduraler Injektion sollte man sich bewusst sein, dass über arachnoidale Villi ein Transport der injizierten Substanzen in den subduralen und subarachnoidalen Raum stattfindet. In ca. 6% kommt es laut Dilke et al. zu einer unbeabsichtigten Duraperforation [21]. Lubenow et al. beschrieben 0,82% versehentliche subdurale Injektionen bei 2182 geplanten epiduralen Blöcken [71]. Waldman sah eine Durapunktionsrate von 0,25% bei 790 epiduralen Injektionen [114]. Dies kann unter Umständen zu hohen Querschnittsyndromen trotz lumbaler Infiltration führen [67]. White et al. beobachteten, dass auch erfahrene Anästhesisten ohne Röntgenkontrolle den Epiduralraum in ca. 25% verfehlen [117]. In 6–9,2% kommt es zu einer intravaskuläre Nadellage [116]. Intravaskuläre oder intrathekale Fehlinjektionen können u. U. zu katastrophalen Folgen führen: Lee und Kim beschrieben einen Fall, bei dem 5 Minuten nach Injektion eines Steroid-Lokalanästhetika-Gemischs ein Herz-Kreislauf- und Atemstillstand auftrat [66]. Bhate berichtete von einem Krampfanfall bei periduraler Anästhesie mit Bupivacain, am ehesten bedingt durch intravasale Injektion [3].

Die Literaturrecherche zeigte mehrere veröffentlichte Fälle von signifikanten Sehstörungen durch retinale oder Glaskörpereinblutungen nach lumbalen epiduralen Steroid-, Steroid-Lokalanästhetika- bzw. Kochsalzinjektionen [12, 65, 69, 92, 113, 121]. Als Ursache wird z. T. der plötzliche Anstieg des zerebrospinalen Drucks diskutiert, der zu einer venösen retinalen Kongestion führt [12, 92, 113].

Tierexperimentelle Untersuchungen an Katzen nach epiduraler Injektion eines Steroid-Lokalanästhetika-Gemischs zeigten 30 Tage nach Infiltration nur minimale entzündliche lokale Veränderungen im Sinn von mononukleären Infiltraten oder Verdickungen der Meningen; Axonschäden, signifikante Fibrosen, Adhäsionen oder Arachnoideaproliferationen traten nicht auf [19]. 120 Tage nach Infiltration hatten sich diese entzündlichen Reaktionen weitgehend zurückgebildet und es fanden sich lediglich minimale perineurale mononukleäre Infiltrationen, keine neuralen Veränderungen, Verdickungen der Meningen, Fibrosen oder Adhäsionen.

Trotz Veröffentlichungen, die aufgrund toxikologischer Effekte von Alkoholzusätzen, Fehlpunktionsraten und intrathekaler Ausbreitung epidural applizierter Medikamente vor einer epiduralen Applikation von Steroiden warnen [2, 101], gehört die epidurale Steroidtherapie heute zum Standardrepertoire der konservativen Rückenschmerzbehandlung.

■ Epidural-perineurale Injektionen

Haaker et al. berichteten bei einem Kollektiv von 505 Patienten, die epidural-perineurale Injektionen mit Steroiden erhielten, von einer postpunktionellen Kopfschmerzquote von 2,2%, von Kreislaufdysregulationen in 1,1% sowie von temporären Hypästhesien der Beine in 0,2% [48]. Schmid et al. beschrieben lediglich seltene temporäre milde Nebenwirkungen wie Steroidakne, Gewichtszunahme und Unregelmäßigkeiten in der Menstruation [99]. Krämer et al. sahen postpunktionelle Kopfschmerzraten von 1,9% bei epidural-perineuralen Infiltrationen im Gegensatz zu 3,6% bei dorsal epiduralen Infiltrationen und < 1% bei tiefen paravertebralen Infiltrationen [63].

■ Diskographien

Bis zu den 70er Jahren wurden Komplikationen wie spinaler Kopfschmerz, Meningitis, Diszitis, intrathekale Blutungen, Arachnoiditis, Reaktionen auf versehentlich intradurale Injektionen und Schäden an der Bandscheibe selbst beschrieben [14, 18, 27, 35, 80]. Neuere Arbeiten berichteten nur noch sehr selten von solchen Komplikationen. In der Literatur wird heutzutage als häufigste Komplikation der Diskographie die Diszitis angegeben. Die Inzidenz bezogen auf die Anzahl der Patienten wird mit 0–4,92% angegeben, bezogen auf die Anzahl der untersuchten Bandscheiben beträgt sie zwischen 0 und 2,99% [1, 25, 30, 44, 54, 83, 89, 105]. Die Gesamtinzidenz wird von Guyer und Ohnmeiss auf kleiner als 0,25% bezogen auf Patienten und kleiner als 0,14% bezogen auf Bandscheiben angegeben [46]. Die Häufigkeit ist bei Nadeln ohne Stilette ca. 2,7%, bei Stilette-Nadeln und Doppelnadeltechnik ca. 0,7% [30]. Wood II berichtet von einer Diszitisinzidenz von 0,5% bei Doppelnadeltechnik und von 1% bei Einzelnadeltechnik [118]. Ob die Mehrzahl der Diszitiden bakteriell oder durch chemische Irritationen, also abakteriell, bedingt ist, ist noch Gegenstand der wissenschaftlichen Diskussion. Unter Verwendung intradiskaler Antibiotika konnten Osti et al. bei 127 Diskographien die Diszitisrate auf 0% senken [89].

In der neueren Literatur werden außer der Diszitis nur Einzelfälle von anderen Nebenwirkungen der Diskographie erwähnt: Urtikaria [1], Bandscheibenherniation nach Diskographie [41], retroperitoneale Blutung in ca. 0,07% [82], Durapenetration in ca. 1% [82], epiduraler Abszess [58], Lungenembolie durch ein Stückchen Nucleus pulposus [100]. Tallroth et al. berichteten von einer Serie von 52 Patienten mit 2% Übelkeit, 4% Krampfanfällen, 10% Kopfschmerzen und 81% Schmerzzunahme [108]. Zeitweise wurde diskutiert, ob Diskographien zu einer Degeneration der Bandscheibe führen [18]. Flanagan und Chung, Gresham und Miller, Bernard sowie Johnson konnten dies nicht bestätigen [1, 29, 39, 57]. Saifuddin et al. konnten zudem keine pathologischen Veränderungen der Grund- und Deckplatten nach Diskographien im MRT nachweisen [96].

Insgesamt haben im Verlauf der Jahre die Komplikationen bei Diskographien deutlich abgenommen, am ehesten durch Optimierung der Technik und Verwendung dünnerer Nadeln in Doppelnadeltechnik bedingt [46]. Zur Reduzierung der Diszitisraten haben einige Autoren eine intradiskale Antibiotikaprophylaxe vorgeschlagen [89]. Da die Anzahl der Diszitiden bei Ärzten, die häufig Diskographien durchführen, sehr niedrig ist und da einige Patienten auch auf die Antibiotika pathologisch reagieren können, kann aktuell eine generelle Empfehlung zur Antibiotikaprophylaxe nicht gegeben werden [45, 46]. Lediglich Untersucher, die nur selten Diskographien durchführen, oder solche, die Diszitisraten über der publizierten Norm haben, kann man die Antibiotikaprophylaxe empfehlen [46].

■ Triggerpunkt-Injektionen

Triggerpunkt-Injektionen werden als sehr nebenwirkungsarm beschrieben. Während Hameroff et al. keinerlei Nebenwirkungen feststellten [49], berichteten Garvey et al. von einer Zunahme des Schmerzes bei einer von 27 Injektionen [31].

Abszessbildungen nach wirbelsäulennahen Injektionen sind Raritäten, sodass Haaker et al. bei der Behandlung von insgesamt 2034 Patienten mittels unterschiedlichster Infiltrationstechniken lediglich von einem Fall eines Abszesses berichten [47].

Unser eigenes Arbeitsfeld umfasst jährlich weit mehr als 1000 Patienten, die lumbal wirbelsäulennah infiltriert werden. Klinisch relevante Komplikationen, insbesondere Infektionen, permanente Nervenläsionen, Blutungen, Organverletzungen oder bedeutsame allergische Zwischenfälle sind nicht erinnerlich. Gelegentlich traten milde Nebenwirkungen wie Kreislaufdysregulationen und Hitzegefühle auf, die allerdings maximal nach einigen Stunden selbstlimitierend waren. Gerade bei wiederholten Infiltrationen traten kleinere Hämatome subkutan bzw. intramuskulär auf, epidurale Hämatome oder paravertebrale Hämatome mit Kompression neuraler Strukturen entstanden nicht. Bei Nervenwurzelblockaden entwickelte sich sehr häufig die gewünschte Hypästhesie im entsprechenden Dermatom, ein Zeichen der korrekten Nadelpositionierung. Im Falle des Ausbleibens dieser Hypästhesie ist bei Injektion eines Lokalanästhetikums an der gewünschten wurzelnahen Nadelpositionierung zu zweifeln. Auch bei den anderen Injektionstechniken kam es gelegentlich durch Diffusionsvorgänge des Lokalanästhetikums zu kurzfristigen Taubheitsgefühlen in den Beinen.

Aufklärung bei wirbelsäulennahen Injektionen

Die ärztliche Aufklärung ist als wesentlicher Bestandteil des ärztlichen Aufgabenbereichs erforderlich, damit der Patient eine zutreffende Vorstellung davon gewinnen kann, auf was er sich einlässt, wenn er in die ärztliche Behandlung, die im Fall von Infiltrationsmaßnahmen eine Körperverletzung i. S. v. § 823 Abs. 1 BGB darstellt, einwilligt. Eine bestimmte Form der ärztlichen Aufklärung ist grundsätzlich nicht vorgeschrieben [119]. Es empfiehlt sich aber, die Aufklärung des Patienten in schriftlicher Form durchzuführen. Selbstverständlich sollte die Aufklärung folgende Daten enthalten (häufig in der Praxis nicht berücksichtigt!): Name und Geburtsdatum des Patienten, Unterschrift von Patient und Aufklärendem inkl. lesbarer Buchstabierung des Aufklärenden, Datum und Uhrzeit der Aufklärung. Werden vorgedruckte Formulare verwendet, so sind diese mit erklärenden Zeichnungen und schriftlichen Ergänzungen zu versehen, um dem potentiellen Vorwurf entgegenzutreten, der Patient sei mit dem Formular ohne Aufklärungsgespräch alleingelassen worden (dies wäre nicht ausreichend [119]). Selbstverständlich setzen Injektionsbehandlungen eine genaue Anamnese und Befunderhebung im Vorfeld voraus. Insbesondere müssen die oben genannten Kontraindikationen abgeklärt werden. Der Patient muss über Diagnosen und Befunde sowie das Ziel der Infiltrationsbehandlung aufgeklärt werden. Es ist klar darzulegen, ob es sich um diagnostische oder therapeutische Infiltrationen handelt. Da es sich bei Infiltrationsmaßnahmen um elektive Interventionen handelt, sind alternative Behandlungsmaßnahmen (Physiotherapie, Massagen, Krankengymnastik, Wärme-, Kältetherapie, medikamentöse Behandlungen durch Tabletten, Salben, Zäpfchen, Infusionen, intramuskuläre Injektionen, Katheterverfahren, aber auch operative Verfahren) darzulegen. Es sollte im Vorfeld besprochen werden, welche Medikamente zur Anwendung kommen. Der Patient ist grundsätzlich über Art, Umfang und Durchführung der Behandlung sowie über Chancen und Risiken zu unterrichten. Dabei ist über typische Risiken immer aufzuklären, während auf atypische Risiken hinzuweisen ist, wenn diese für ihn völlig überraschend sind und deren Verwirklichung für den Patienten in Zukunft eine schwere Belastung darstellen würde [107]. Der Umfang der Aufklärung ist von der Komplikationsrate abhängig, wobei weniger Statistiken als Grundlage dienen als eher die Häufigkeit von Zwischenfällen in der konkreten therapeutischen Tätigkeit des Arztes [107]. So ist laut Schlichtungsstelle für Arzthaftpflichtfragen der norddeutschen Ärztekammer eine Aufklärung über ein Querschnittsyndrom bei paravertebralen Infiltrationen nicht notwendig. Nebenwirkungen aus Einzelfallbeschreibungen, die als absolute Raritäten anzusehen sind, sind nach Auffassung der Autoren nicht zwingend aufklärungspflichtig.

Grundsätzlich muss derjenige, der die Infiltrationen durchführen wird, selbst den Patienten aufklären. Delegiert er diese Aufgabe an einen anderen Arzt, so muss dieser hinreichend qualifiziert sein. Der die Aufklärung einem Kollegen übertragende Arzt hat sich zu vergewissern, dass hinreichend aufgeklärt worden ist [107]. Bei kleineren ambulanten Eingriffen kann die Aufklärung erst am Tag des Eingriffs erfolgen (BGH NJW 2000, 1784). Bei diagnostischen Eingriffen soll grundsätzlich das Aufklärungsgespräch am Tag des diagnostischen Eingriffs ausreichen [119](BGH VersR 1995, 1055 = NJW 1995, 2410). Auch wenn der diagnostische Eingriff mit großen Risiken verbunden ist, wie z.B. einer Myelographie mit Risiken von Querschnittlähmung, bejaht der BGH die Rechtzeitigkeit einer Aufklärung noch am Tag des Eingriffs [119] (BGH VersR 1996, 195). Aufgrund dieser Entscheidung des BGH kann jedoch nicht generell gesagt werden, dass immer bei diagnostischen Eingriffen ein Aufklärungsgespräch am Tag des Eingriffs auch rechtzeitig ist, insbesondere dann nicht, wenn der diagnostische Eingriff einen stationären Aufenthalt erfordert [119]. Wir halten es für ausreichend, Patienten am Tag der Infiltration aufzuklären. Lediglich für Diskographien klären wir unsere Patienten am Vortag auf.

Inhalte des Aufklärungsgesprächs bei geplanten wirbelsäulennahen Injektionen sollten sein: Infektion (inkl. Abszessbildung und Hirnhautentzündung), Nekrosebildung, Abbruch der Nadelspitze, Blutergussbildung außerhalb und auch innerhalb des Spinalkanals (ggf. mit der Folge der Kompression von Nerven oder Rückenmark), kurzfristige oder auch permanente Nervenfunktionsstörungen im Sinne von Taubheitsgefühlen und Muskellähmungen (der Patient muss informiert werden, wie er sich im Fall von Muskellähmungen zu verhalten hat, dass er z.B. nicht am Straßenverkehr teilnehmen darf), vasovagale Regulationsstörungen bis hin zum Kollaps, allergische Reaktionen von leichten Hautrötungen, Schwellungen, Juckreiz, Übelkeit bis hin zu schweren allergischen Reaktionen. Aufzuklären ist des Weiteren über Verlust von Hirnwasser bei Hirnhautverletzungen (auch hier ist der Patient über Verhaltensmaßnahmen zu informieren) mit den möglichen Folgen Hirnwasserverlustkopfschmerz und Hirnwasserfisteln. Es muss auf die Möglichkeit hingewiesen werden, dass es zu keiner merklichen Besserung der Beschwerden kommen kann, unter Umständen sogar zu einer Schmerzzunahme. Speziell bei Diskographien ist auf das Risiko einer Bandscheibenentzündung hinzuweisen. Die speziellen Nebenwirkungen der eingesetzten Medikamente sind ebenfalls aufklärungspflichtig. Bei Verwendung von Steroiden sollten z.B. folgende Nebenwirkungen beachtet werden: Zunahme des Körpergewichts, Wassereinlagerung ins Gewebe, Osteoporose, Magen-Darm-Beschwerden, Blutzuckeranstiege, Menstruationsstörungen. Bei Verwendung von Lokalanästhetika sollte auf Schwindelanfälle und Störungen der Herz-Kreislauf-Funktion aufmerksam gemacht werden.

In der Aufklärung sollte abhängig vom Patienten auf die Verwendung von medizinischen Fachwörtern verzichtet werden. Ziel ist, dass der Patient versteht, was der Arzt ihm zu erklären versucht.

Neben der Aufklärung ist die Dokumentation der verwendeten Medikamente inkl. verabreichter Volumina und Dosierungen wichtig. Wird die Injektion unter Röntgenkontrolle durchgeführt, so ist ein entsprechender Ausdruck zur Dokumentation anzufertigen.

Der Patient sollte informiert werden, dass er nach der Infiltrationsbehandlung bei Entwicklung von unklaren Symptomen wie Fieber, Schmerzen, persistierenden Gefühlsstörungen, Schwellungen, Hautveränderungen etc. einen Arzt kontaktieren sollte.

Der Patient muss die Möglichkeit haben, alle Fragen zur anstehenden Behandlung zu stellen und zu diskutieren.

Literatur

1. Bernard TN Jr (1990) Lumbar discography followed by computed tomography. Refining the diagnosis of low-back pain. Spine 15:690–707
2. Bernat JL (1981) Intraspinal steroid therapy. Neurology 31:168–171
3. Bhate H (1983) [Cerebral seizures during peridural anaesthesia (systemic reaction following bupivacaine 0.75%)]. Reg Anaesth 6:66–68
4. Bogduk N (1997) International Spinal Injection Society guidelines for the performance of spinal injection procedures. Part 1: Zygapophysial joint blocks. Clin J Pain 13:285–302
5. Bollow M, Braun J, Taupitz M et al (1996) CT-guided intraarticular corticosteroid injection into the sacroiliac joints in patients with spondyloarthropathy: indication and follow-up with contrast-enhanced MRI. J Comput Assist Tomogr 20:512–521
6. Bromage PR (1993) Spinal extradural abscess: pursuit of vigilance. Br J Anaesth 70:471–473

7. Bush K, Hillier S (1991) A controlled study of caudal epidural injections of triamcinolone plus procaine for the management of intractable sciatica. Spine 16:572–575

8. Carette S, Marcoux S, Truchon R et al (1991) A controlled trial of corticosteroid injections into facet joints for chronic low back pain. N Engl J Med 325:1002–1007

9. Carrera GF (1980) Lumbar facet joint injection in low back pain and sciatica: preliminary results. Radiology 137:665–667

10. Carrera GF, Williams AL (1984) Current concepts in evaluation of the lumbar facet joints. Crit Rev Diagn Imaging 21:85–104

11. Chan ST, Leung S (1989) Spinal epidural abscess following steroid injection for sciatica. Case report. Spine 14:106–108

12. Clark CJ, Whitwell J (1961) Intraocular haemorrhage after epidural injection. Br Med J 5267:1612–1613

13. Cohn ML, Huntington CT, Byrd SE et al (!986) Epidural morphine and methylprednisolone. New therapy for recurrent low-back pain. Spine 11:960–963

14. Collis JS, Jr., Gardner WJ (1962) Lumbar discography. An analysis of one thousand cases. J Neurosurg 19:452–461

15. Cook NJ, Hanrahan P, Song S (1999) Paraspinal abscess following facet joint injection. Clin Rheumatol 18:52–53

16. Cuckler JM, Bernini PA, Wiesel SW et al (1985) The use of epidural steroids in the treatment of lumbar radicular pain. A prospective, randomized, double-blind study. J Bone Joint Surg Am 67:63–66

17. Dallas TL, Lin RL, Wu WH, Wolskee P (1987) Epidural morphine and methylprednisolone for low-back pain. Anesthesiology 67:408–411

18. de Seze S, Levernieux J (1952) Les accidents de la discographie. Rev Rheum Mal Osteoartic 19:1027–1033

19. Delaney TJ, Rowlingson JC, Carron H, Butler A (1980) Epidural steroid effects on nerves and meninges. Anesth Analg 59:610–614

20. Destouet JM, Gilula LA, Murphy WA, Monsees B (1982) Lumbar facet joint injection: indication, technique, clinical correlation, and preliminary results. Radiology 145:321–325

21. Dilke TF, Burry HC, Grahame R (1973) Extradural corticosteroid injection in management of lumbar nerve root compression. Br Med J 2:635–637

22. Dougherty JH Jr, Fraser RA (1978) Complications following intraspinal injections of steroids. Report of two cases. J Neurosurg 48:1023–1025

23. Dreyfuss PH, Dreyer SJ, Herring SA (1995) Lumbar zygapophysial (facet) joint injections. Spine 20:2040–2047

24. Dussault RG, Kaplan PA, Anderson MW (2000) Fluoroscopy-guided sacroiliac joint injections. Radiology 214:273–277

25. el Khoury GY, Renfrew DL (1991) Percutaneous procedures for the diagnosis and treatment of lower back pain: diskography, facet-joint injection, and epidural injection. AJR Am J Roentgenol 157:685–691

26. Fairbank JC, Park WM, McCall IW, O'Brien JP (1981) Apophyseal injection of local anesthetic as a diagnostic aid in primary low-back pain syndromes. Spine 6:598–605,

27. Fernstrom U (1960) A discographical study of ruptured lumbar intervertebral discs. Acta Chir Scand Suppl 258:1–60

28. Fischer T, Biedermann T, Hermann KG et al (2003) [Sacroiliitis in children with spondyloarthropathy: therapeutic effect of CT-Guided intra-articular corticosteroid injection]. Rofo 175:814–921

29. Flanagan MN, Chung BU (1986) Roentgenographic changes in 188 patients 10–20. years after discography and chemonucleolysis. Spine 11:444–448

30. Fraser RD, Osti OL, Vernon-Roberts B (1987) Discitis after discography. J Bone Joint Surg Br 69:26–35
31. Garvey TA, Marks MR, Wiesel SW (1989) A prospective, randomized, double-blind evaluation of trigger-point injection therapy for low-back pain. Spine 14:962–964
32. Gessini L, Occhipinti E (1971) [Anterior spinal artery thrombosis following the paravertebral injection of a local anesthetic]. Minerva Anestesiol 37:449–451
33. Ghaly RF (2001) Recovery after high-dose methylprednisolone and delayed evacuation: a case of spinal epidural hematoma. J Neurosurg Anesthesiol 13:323–328
34. Glynn C, Dawson D, Sanders R (1988) A double-blind comparison between epidural morphine and epidural clonidine in patients with chronic non-cancer pain. Pain 34:123–128
35. Goldie I (1957) Invertebral disc changes after discography. Acta Chir Scand 113:438–439
36. Goldstone JC, Pennant JH (1987) Spinal anaesthesia following facet joint injection. A report of two cases. Anaesthesia 42:754–756
37. Goris H, Wilms G, Hermans B, Schillebeeckx J (1998) Spinal epidural abscess complicating epidural infiltration: CT and MR findings. Eur Radiol 8:1058
38. Goucke CR, Graziotti P (1990) Extradural abscess following local anaesthetic and steroid injection for chronic low back pain. Br J Anaesth 65:427–429
39. Gresham JL, Miller R (1969) Evaluation of the lumbar spine by discography and its use in selection of proper treatment of the herniated disk syndrome. Clin Orthop 67:29–41
40. Griffiths HJ, Parantainen H, Olson PN (1993) Disease of the lumbosacral facet joints. Neuroimaging Clin N Am 3:567–575
41. Grubb SA, Lipscomb HJ, Guilford WB (1987) The relative value of lumbar roentgenograms, metrizamide myelography, and discography in the assessment of patients with chronic low-back syndrome. Spine 12:282–286
42. Gustafsson H, Rutberg H, Bengtsson M (1988) Spinal haematoma following epidural analgesia. Report of a patient with ankylosing spondylitis and a bleeding diathesis. Anaesthesia 43:220–222
43. Gutknecht DR (1987) Chemical meningitis following epidural injections of corticosteroids. Am J Med 82:570
44. Guyer RD, Collier R, Stith WJ et al (1988) Discitis after discography. Spine 13:1352–1354
45. Guyer RD, Ohnmeiss DD (1996) Response to Fraser's comments on Contemporary Concepts in Spine Care: lumbar discography position statement (letter). Spine 21:1275–276
46. Guyer RD, Ohnmeiss DD (2003) Lumbar discography. Spine J 3:11S–27S
47. Haaker R, Bernsmann K, Kielich T (1995) [Specific Side Effects of the Injection Treatment on the Spine]. Orthop. Praxis 10:694–699
48. Haaker R, Willburger R, Bickert U (1999) Komplikationen der Injektionsbehandlung von HWS und LWS. Z Orthop Ihre Grenzgeb 137:Oa24
49. Hameroff SR, Crago BR, Blitt CD et al (1981) Comparison of bupivacaine, etidocaine, and saline for trigger-point therapy. Anesth Analg 60:752–755
50. Helbig T, Lee CK (1988) The lumbar facet syndrome. Spine 13:61–64
51. Hooten WM, Kinney MO, Huntoon MA (2004) Epidural abscess and meningitis after epidural corticosteroid injection. Mayo Clin Proc 79:682–686
52. Houten JK, Errico TJ (2002) Paraplegia after lumbosacral nerve root block: report of three cases. Spine J 2:70–75
53. http://www.awmf-online.de/
54. Jackson RP, Becker GJ, Jacobs RR et al (1989) The neuroradiographic diagnosis of lumbar herniated nucleus pulposus: I. A comparison of computed tomography

(CT), myelography, CT-myelography, discography, and CT-discography. Spine 14:1356–1361

55. Jackson RP, Jacobs RR, Montesano PX (1988) 1988 Volvo award in clinical sciences. Facet joint injection in low-back pain. A prospective statistical study. Spine 13:966–971

56. Jacobs S, Pullan PT, Potter JM, Shenfield GM (1983) Adrenal suppression following extradural steroids. Anaesthesia 38:953–956

57. Johnson RG (1989) Does discography injure normal discs? An analysis of repeat discograms. Spine 14:424–426

58. Junila J, Niinimaki T, Tervonen O (1997) Epidural abscess after lumbar discography. A case report. Spine 22:2191–2193

59. Karabacakoglu A, Karakose S, Ozerbil OM, Odev K (2002) Fluoroscopy-guided intraarticular corticosteroid injection into the sacroiliac joints in patients with ankylosing spondylitis. Acta Radiol 43:425–427

60. Kaul S, Meena AK, Sundaram C et al (2000) Spinal extradural abscess following local steroid injection. Neurol India 48:181–183

61. Knight JW, Cordingley JJ, Palazzo MG (1997) Epidural abscess following epidural steroid and local anaesthetic injection. Anaesthesia 52:576–578

62. Koka VK, Potti A (2002) Spinal epidural abscess after corticosteroid injections. South Med J 95:772–774

63. Kraemer J, Ludwig J, Bickert U et al (1997) Lumbar epidural perineural injection: a new technique. Eur Spine J 6:357–361

64. Kuhn MW, Koster O (1983) [Subcapsular kidney hematoma: a rare complication of paravertebral infiltration]. Urologe A 22:252–254

65. Kushner FH, Olson JC (1995) Retinal hemorrhage as a consequence of epidural steroid injection. Arch Ophthalmol 113:309–313

66. Lee PK, Kim JM (2000) Lumbar epidural blocks: a case report of a life-threatening complication. Arch Phys Med Rehabil 81:1587–1590

67. Lehmann LJ, Pallares VS (1995) Subdural injection of a local anesthetic with steroids: complication of epidural anesthesia. South Med J 88:467–469

68. Lilius G, Laasonen EM, Myllynen P et al (1989) Lumbar facet joint syndrome. A randomised clinical trial. J Bone Joint Surg Br 71:681–684

69. Ling C, Atkinson PL, Munton CG (1993) Bilateral retinal haemorrhages following epidural injection. Br J Ophthalmol 77:316–317

70. Lippitt AB (1984) The facet joint and its role in spine pain. Management with facet joint injections. Spine 9:746–750

71. Lubenow T, Keh-Wong E, Kristof K et al (1988) Inadvertent subdural injection: a complication of an epidural block. Anesth Analg 67:175–179

72. Lutze M, Stendel R, Vesper J, Brock M (1997) Periradicular therapy in lumbar radicular syndromes: methodology and results. Acta Neurochir (Wien) 139:719–724

73. Lynch MC, Taylor JF (1986) Facet joint injection for low back pain. A clinical study. J Bone Joint Surg Br 68:138–141

74. Magee M, Kannangara S, Dennien B et al (2000) Paraspinal abscess complicating facet joint injection. Clin Nucl Med 25:71–73

75. Maldjian C, Mesgarzadeh M, Tehranzadeh J (1998) Diagnostic and therapeutic features of facet and sacroiliac joint injection. Anatomy, pathophysiology, and technique. Radiol Clin North Am 36:497–508

76. Mamourian AC, Dickman CA, Drayer BP, Sonntag VK (1993) Spinal epidural abscess: three cases following spinal epidural injection demonstrated with magnetic resonance imaging. Anesthesiology 78:204–207

77. Manchikanti L (1999) Facet Joint Pain and the Role of Neural Blockade in Its Management. Curr Rev Pain 3:348–358

78. Manchikanti L, Boswell MV, Singh V et al (2004) Prevalence of facet joint pain in chronic spinal pain of cervical, thoracic, and lumbar regions. BMC Musculoskelet Disord 5:15

79. Marks RC, Houston T, Thulbourne T (1992) Facet joint injection and facet nerve block: a randomised comparison in 86 patients with chronic low back pain. Pain 49:325–328

80. Massie WK, Stevens DB (1967) A critical evaluation of discography. J Bone Joint Surg Am 6:1243–1244

81. Maugars Y, Mathis C, Vilon P, Prost A (1992) Corticosteroid injection of the sacroiliac joint in patients with seronegative spondylarthropathy. Arthritis Rheum 35:564–568

82. McCulloch JA, Waddell G (1978) Lateral lumbar discography. Br J Radiol 51:498–502

83. Milette PC, Melanson D (1982) A reappraisal of lumbar discography. J Can Assoc Radiol 33:176–182

84. Mooney V, Robertson J (1976) The facet syndrome. Clin Orthop 115:149–156

85. Moran R, O'Connell D, Walsh MG (1988) The diagnostic value of facet joint injections. Spine 13:1407–1410

86. Murtagh FR (1988) Computed tomography and fluoroscopy guided anesthesia and steroid injection in facet syndrome. Spine 13:686–689

87. Ongley MJ, Klein RG, Dorman TA et al (1987) A new approach to the treatment of chronic low back pain. Lancet 2:143–146

88. Orpen NM, Birch NC (2003) Delayed presentation of septic arthritis of a lumbar facet joint after diagnostic facet joint injection. J Spinal Disord Tech 16:285–287

89. Osti OL, Fraser RD, Vernon-Roberts B (1990) Discitis after discography. The role of prophylactic antibiotics. J Bone Joint Surg Br 72:271–274

90. Parlier-Cuau C, Carlier RY, David P et al (1993) [Subdural abscess. Rare complication of epidural infiltration. Apropos of a case and review of the literature]. J Radiol 74:205–209

91. Plumb VJ, Dismukes WE (1977) Chemical meningitis related to intrathecal corticosteroid therapy. South Med J 70:1241–1243

92. Purdy EP, Ajimal GS (1998) Vision loss after lumbar epidural steroid injection. Anesth Analg 86:119–122

93. Raymond J, Dumas JM (1984) Intraarticular facet block: diagnostic test or therapeutic procedure? Radiology 151:333–336

94. Rocco AG, Frank E, Kaul AF et al (1989) Epidural steroids, epidural morphine and epidural steroids combined with morphine in the treatment of post-laminectomy syndrome. Pain 36:297–303

95. Sabel M, Felsberg J, Neuen-Jacob E et al (2000) Enlargement of a chronic aseptic lumbar epidural abscess by intraspinal injections–a rare cause of progressive paraparesis. Zentralbl Neurochir 61:111–114

96. Saifuddin A, Renton P, Taylor BA (1998) Effects on the vertebral end-plate of uncomplicated lumbar discography: an MRI study. Eur Spine J 7:36–39

97. Sandberg DI, Lavyne MH (1999) Symptomatic spinal epidural lipomatosis after local epidural corticosteroid injections: case report. Neurosurgery 45:162–165

98. Schleifer J, Fenzl G, Wolf A, Diehl K (1994) [Treatment of lumbar facet joint syndrome by CT-guided infiltration of the intervertebral joints]. Radiologe 34:666–670

99. Schmid G, Vetter S, Gottmann D, Strecker EP (1999) CT-guided epidural/perineural injections in painful disorders of the lumbar spine: short- and extended-term results. Cardiovasc Intervent Radiol 22:493–498

100. Schreck RI, Manion WL, Kambin P, Sohn M (1995) Nucleus pulposus pulmonary embolism. A case report. Spine 20:2463–2466

101. Sekel R (1984) Epidural Depo-Medrol revisited. Med J Aust 141:688
102. Selby DK, Paris SV (1981) Anatomy of facet joints and its correlation with low back pain. Contemp Orthop 312:1097–1103
103. Serrao JM, Marks RL, Morley SJ, Goodchild CS (1992) Intrathecal midazolam for the treatment of chronic mechanical low back pain: a controlled comparison with epidural steroid in a pilot study. Pain 48:5–12
104. Shealy CN (1966) Dangers of spinal injections without proper diagnosis. JAMA 197:1104–1106
105. Simmons JW, Emery SF, McMillin JN et al (1991) Awake discography. A comparison study with magnetic resonance imaging. Spine 16:S216–221
106. Stambough JL, Booth RE Jr., Rothman RH (1984) Transient hypercorticism after epidural steroid injection. A case report. J Bone Joint Surg Am 66:1115–1166
107. Steinbeck J, Fenger H (2004) Orthopädie und Recht. Springer, Berlin
108. Tallroth K, Soini J, Antti-Poika I et al (1991) Premedication and short term complications in iohexol discography. Ann Chir Gynaecol Ann Chir Gynaecol 80:49–53
109. Thomson SJ, Lomax DM, Collett BJ (1991) Chemical meningism after lumbar facet joint block with local anaesthetic and steroids. Anaesthesia 46:563–564
110. Tilscher H, Eder M (1989) Der Wirbelsäulenpatient. Rehabilitation – Ganzheitsmedizin. Springer, Berlin
111. Tiso RL, Cutler T, Catania JA, Whalen K (2004) Adverse central nervous system sequelae after selective transforaminal block: the role of corticosteroids. Spine J 4:468–474
112. Tuite MJ (2004) Facet joint and sacroiliac joint injection. Semin Roentgenol 39:37–51
113. Victory RA, Hassett P, Morrison G (1991) Transient blindness following epidural analgesia. Anaesthesia 46:940–941
114. Waldman SD (1989) Complications of cervical epidural nerve blocks with steroids: a prospective study of 790. consecutive blocks. Reg Anesth 14:149–151
115. Waldman SD (1991) Cervical epidural abscess after cervical epidural nerve block with steroids. Anesth Analg 72:717–718
116. White AH (1983) Injection techniques for the diagnosis and treatment of low back pain. Orthop Clin North Am 14:553–567
117. White AH, Derby R, Wynne G (1980) Epidural injections for the diagnosis and treatment of low-back pain. Spine 5:78–86
118. Wood II GW (2003) Infections of the spine. Campbell's Operative Orthopaedics. Canale ST. Mosby, St. Louis, p 2039
119. Wussow RJ (2002) Umfang und Grenzen der ärztlichen Aufklärungspflicht. VersicherungsRecht 31:1337–1345
120. Yamaguchi M, Kawakubo A, Ide R et al (1999) [Epidural abscess associated with epidural block in a patient with immunosuppressive disease]. Masui 48:506–508
121. Young WF (2002) Transient blindness after lumbar epidural steroid injection: a case report and literature review. Spine 27:E476–477
122. Yue WM, Tan SB (2003) Distant skip level discitis and vertebral osteomyelitis after caudal epidural injection: a case report of a rare complication of epidural injections. Spine 28:E209–211

Diskussion

? 1. Ist eine wirbelsäulennahe Injektion bei akuten Beschwerden als erste Therapiemaßnahme indiziert oder sind hier nicht zunächst andere Therapiemaßnahmen angezeigt?

Selbstverständlich sind bei akuten Kreuzschmerzen zunächst nichtinvasive konservative Therapiemaßnahmen (z. B. orale Gabe von Analgetika und Muskelrelaxanzien, Krankengymnastik, physikalische Therapie etc.) indiziert. Erst bei Therapieversagen dieser Behandlungen sollte ein invasives Verfahren wie die Infiltration Anwendung finden. Nichtinvasiven Verfahren ist zunächst der Vorzug zu geben, da die Invasivität der Infiltrationen mit einem im Vergleich zu nichtinvasiven Verfahren erhöhten Risiko an Nebenwirkungen einhergeht.

? 2. Ist es wirklich erforderlich, bei epiduralen Injektionen oder Wurzelblockaden eine Pulsoxymeterüberwachung vorzunehmen und einen i.v. Zugang zu legen?

Bei Wurzelblockaden sind sowohl die Anlage eines Pulsoxymeters als auch die eines intravenösen Zugangs nicht notwendig. Bei epiduralen Injektionen sollte allerdings beides Anwendung finden, da sie im Falle von kreislaufbedingten Reaktionen hilfreich sind.

8 Arzthaftung bei Infektion nach Gelenkinjektion

A. Bernau, P. Heeg

Leitlinien und gesetzliche Vorgaben

Leitlinien sind wissenschaftlich begründete und systematisch entwickelte Empfehlungen im Sinn von Handlung- und Entscheidungskorridoren. In Leitlinien ist festgelegt, was der Gesetzgeber als „im Verkehr erforderliche Sorgfalt" beschreibt. Ein Abweichen von den Leitlinien hat eine (zu dokumentierende) Begründungspflicht zur Folge. Die hier maßgebliche Leitlinie heißt „Intraartikuläre Punktionen und Injektionen". Sie wurde unter Mitwirkung namhafter Hygieniker und Mikrobiologen in zwei Gremien nacheinander in den Jahren 1986 bis 1988 entwickelt und erneut 1998 diskutiert und mehrfach veröffentlicht, seit 1998 auch im Internet.

An erster Stelle unter den normativen Regelwerken ist die Richtlinie für Krankenhaushygiene und Infektionsprävention des Robert-Koch-Instituts zu nennen [14]. Sie gibt den Konsens qualifizierter Fachleute wieder und stellt – teilweise nicht unwidersprochen – den Stand der medizinischen Wissenschaft dar. Ein Arzt, der sich abweichend von dieser Richtlinie verhält, kann in Beweisnot geraten, es sei denn, er kann nachweisen, dass seinem Vorgehen neuere wissenschaftliche Erkenntnisse zugrunde liegen, die bei der Abfassung der betreffenden Richtlinie nicht berücksichtigt werden konnten.

Indikation und Patientenaufklärung

Primär muss der Arzt unterscheiden zwischen einer eventuell zwingend notwendigen diagnostischen oder Entlastungspunktion und dem Wahleingriff einer Gelenkinjektion. Je dringlicher der Eingriff indiziert ist, z.B. bei Verdacht auf einen infektiös bedingten Gelenkerguss, desto geringere Bedeutung hat die Aufklärung des Patienten.

Bei der Frage der richtigen Indikation für eine Gelenkinjektion stellt sich vorrangig die Frage der Reagibilität des Gelenks und der Wirksamkeit des verwendeten Medikaments neben allgemeinen, den Patienten betreffenden Aspekten, z.B. eventuell vorhandener Blutungsneigung. Natürlich ist nicht bei jedem akuten Schmerz eine Gelenkinjektion angezeigt, vielmehr sollten weniger eingreifende Therapiemaßnahmen vorher zur Anwendung kommen.

Der nicht genehmigte Eingriff ist juristisch eine Körperverletzung. Eine rechtswirksame Aufklärung muss vor allem Stellung nehmen zu drei Fragen:

▪ Es muss dem Patienten erklärt werden, warum eine Injektion notwendig ist. Wenn die möglichen alternativen Behandlungsmethoden, z. B. bei einem Reizzustand des Kniegelenks, Verbände und physikalische Therapie erfolglos waren, kann danach gegebenenfalls die Anzeige für eine Gelenkinjektion gestellt werden.

▪ Der notwendige Hinweis auf die schwerwiegendste Komplikation des Gelenkinfekts wird zweckmäßigerweise verbunden mit dem Hinweis auf die Häufigkeit von Gelenkinfektionen nach Injektionen. An einer prospektiven Studie beteiligten sich etwa 1000 Ärzte aus Deutschland, der Schweiz und Schweden durch detaillierte Protokollierung aller im Monat November 1984 durchgeführten Gelenkinjektionen und der dabei aufgetretenen Komplikationen. In dieser bis dahin einzigen bekannten prospektiven Studie mit 105 000 protokollierten Gelenkinjektionen wurde eine Infektionshäufigkeit von 1:35 000 gefunden. Diese Zahl entspricht einer retrospektiven Studie [1], während Seror [16] bei rheumatologischen Patienten eine Häufigkeit von 1:162 000 fand.

▪ Es darf besonders bei Cortisonanwendung der Hinweis auf das Medikament nicht unterbleiben, denn nicht wenige Patienten lehnen eine Behandlung mit Cortisonpräparaten grundsätzlich ab. Dabei ist es auch gut zu wissen, dass manche „biologische" bzw. Organpräparate auch Cortison enthalten.

Nach Angaben der Roten Liste ist z. B. in NeyChondrin nicht nur Prednisolonacetat, sondern auch der seit 1985 obsolete Ester Procain-HCL enthalten. Vorrangig kommen für Gelenkinjektionen heute bei gegebener Indikation Cortisonpräparate, Lokalanästhetika und Hyaluronsäure in Frage. Auf die stark unterschiedlichen Eigenschaften verschiedener Cortisonpräparate, besonders ihre unterschiedliche Verweildauer im Gelenk, sei besonders hingewiesen [9].

Zusammenfassend muss der Arzt für seinen Patienten und mit ihm eine Risikoabwägung bei der Beratung durchführen. Dabei ist natürlich auch durch Betrachtung der Gesamtsituation des Patienten die Frage einer Kontraindikation mit zu berücksichtigen. Bei Vorliegen von Stoffwechselkrankheiten, vor allem bei Diabetes mellitus oder bei einer verminderten Abwehrlage, etwa durch Behandlung mit immunsuppressiven Medikamenten, besteht eine erhöhte Infektionsgefahr. Bei Anwendung homöopathischer Medikamente soll der Arzt den Patienten darüber informieren, dass die Wirkung dieser Medikamente wissenschaftlich nicht belegt ist.

Die Patientenaufklärung muss im Krankenblatt dokumentiert sein. Bei konsequenter einheitlicher Anwendung reicht nach Feststellung maßgeblicher Juristen [3] die Notiz „aufgeklärt, einverstanden". Es ist also nicht notwendig, dass der Patient ein entsprechendes Papier unterschreibt, entscheidend ist die Frage, ob er den Inhalt des Aufklärungsgesprächs verstanden hat.

Vorbereitung der Injektion

Über die relevanten Rahmenbedingungen bei Vorbereitung der Injektionen wurde wiederholt sehr eingehend berichtet [4, 9]. Standard ist die Verwendung von sterilen Einwegartikeln. Diese dürfen ebenso wie sterile Arzneimittel grundsätzlich erst unmittelbar vor Gebrauch aus ihrer sterilen Verpackung entnommen werden. Das Aufziehen und Lagern von Spritzen auf Vorrat stellt einen Verstoß gegen die ärztliche Sorgfaltspflicht dar.

Der Arzt darf seine Mitarbeiter nur dann mit der Vorbereitung betrauen, wenn sie über die erforderliche Sachkenntnis und Erfahrung verfügen. Der Vorgang der Vorbereitung der Injektion durch die Mitarbeiter wird hinsichtlich seiner Gefährlichkeit, Ursache einer auftretenden Infektion zu werden, häufig unterschätzt. Der Arzt sollte sich darum sorgfältig von der Sachkenntnis neuer Mitarbeiter überzeugen, bevor er den Auftrag zur Vorbereitung zu Injektionen erteilt. Dazu gehört unter anderem die Händedesinfektion vor Beginn der Vorbereitung des Bestecks, die vorschriftsmäßige Öffnung der Spritzen- und Kanülenverpackung und das schweigende Arbeiten mit nach vorn gestreckten Armen.

Im Auseinandersetzungsfall wird vom Richter häufig gefragt, welche Mitarbeiterin das Spritzenbesteck vorbereitet und assistiert hat. Darum ist es zweckmäßig, diese Beteiligung durch entsprechenden Kurzeintrag im Krankenblatt zu dokumentieren. Als wahrscheinliche Hauptursache von Gelenkinfekten muss das häufig noch zu sehr vernachlässigte Vorgehen bei der Vorbereitung intraartikulärer Injektionen betrachtet werden, daneben aber auch der bei jeder Punktion im Regelfall entstehende Hautstanzzylinder. Denn die Haut kann auch durch korrekte Desinfektion, zumal in den Krypten und Haarbälgen, nicht vollständig keimfrei gemacht werden.

Vorbereitung von Patient und Arzt

Die Lagerung des Patienten muss für ihn bequem und schmerzfrei sein. Injektionen und Punktionen an den unteren Extremitäten werden im Regelfall im Liegen, am Kniegelenk Injektionen auch im Sitzen, an den oberen Extremitäten überwiegend im Sitzen durchgeführt. Das betreffende Gelenk ist so weit freizulegen, dass eine Kontamination durch Kleidung sicher vermieden wird und das venöse Einflussgebiet vollständig überschaubar ist. Bei einer vorgesehenen Gelenkinjektion in das Knie- oder Hüftgelenk muss also das ganze Bein bis zu den Zehen entkleidet sein, weil z. B. bei einer

Hautinfektion am Fuß eine intraartikuläre Injektion kontraindiziert ist. Im Fall einer dringenden Indikation z. B. zur Kniegelenkpunktion muss diese unter besonderen Vorsichtsmaßregeln, das heißt auch außerhalb von krankhaften Hautveränderungen durchgeführt werden. Störende Behaarung ist allenfalls mit der Schere zu kürzen. Denn praktisch ist die Behaarung nie so dicht, dass die erwünschte allseitige Hautbenetzung mit einem Desinfektionsmittel behindert wäre. Die Hautdesinfektion erfolgt mit dem Sprühverfahren, das dem Wischverfahren gegenüber gleichwertig ist und bei dem auf den Gebrauch sterilisierter Tupfer verzichtet werden kann. Sinnvoll ist aus Gründen der Sicherheit die Vornahme der dritten Desinfektion unmittelbar vor der Gelenkpunktion durch den Arzt.

Arzt und Assistenzpersonal sollten dafür Sorge tragen, dass von ihrer Kleidung keine Infektionsgefahr ausgeht. Sie sollen darum gegebenenfalls ihre Kittel vor der Vorbereitung einer Gelenkpunktion ausziehen. Seit der zweiten Veröffentlichung im Deutschen Ärzteblatt im Juli 1999 [7] gilt die Vorbereitungsvorschrift „5.2 Nach vorausgehender hygienischer Händedesinfektion sind sterile Handschuhe anzulegen". Mit dieser Festlegung ist die beidhändige Verwendung steriler Handschuhe obligat vorgeschrieben. Diese Neufestlegung entsprach der seit der diesbezüglich letzten Veröffentlichung im Januar 1988 im Deutschen Ärzteblatt geänderten Meinungsbildung. Die Verwendung von Handschuhen schützt den Arzt gleichzeitig vor einer Kontamination. Auch die Verwendung von Folienhandschuhen, sofern sie das CE-Zeichen tragen, entspricht den hygienischen Anforderungen. Nach den Leitlinien muss bei einer Dekonnektion, das heißt bei einem Spritzenwechsel bei liegender Kanüle, eine Gesichtsmaske angelegt werden. Andererseits kann belegt werden, dass die Infektionsgefahr durch Luftkeime aus dem Nasen-Rachen-Raum beim Schweigen ohne Maske geringer ist als beim Reden mit angelegter Gesichtsmaske [12].

Durchführung der Gelenkpunktion

Die genaue Kenntnis aller Rahmenbedingungen und das systematische Erlernen der Injektionstechnik sind für jeden Orthopäden unerlässlich. Dennoch muss davon ausgegangen werden, dass auch von erfahrenen Spezialisten durchgeführte Injektionen fehlplatziert und oft als solche nicht erkannt werden. Diese Möglichkeit, das heißt eine paraartikuläre Injektion, muss besonders dann selbstkritisch vom Arzt ins Auge gefasst werden, wenn das therapeutische Ziel der Gelenkinjektion, die Schmerzfreiheit, nicht erreicht wird. Zur Frage der Treffsicherheit führte Jones [13] in England eine von der Ethikkommission genehmigte Studie durch. Zwei unterschiedliche erfahrene Gruppen von Orthopäden, „consultants" und „residents" führten medizinisch notwendige Injektionen in verschiedene Gelenke durch. Dem jeweils injizierten Corticoid wurde ein Röntgenkontrastmittel zugefügt. Anschließend wurde jedesmal eine Röntgenaufnahme des betreffenden Gelenks durchgeführt. Als Ergebnis dieser Studie wurde gefunden, dass auch die erfahrenen Orthopäden jede zweite ihrer Injektionen bei allen Gelenken einschließlich Schulter- und Kniegelenken paraartikulär platzierten. Diese Untersuchung erhärtet die Forderung nach unvoreingenommener Selbstkritik bei Beurteilung der Resultate.

Bei kritischer Betrachtung der strengen Vorgaben im Zusammenhang mit Gelenkinjektionen überrascht es, dass nicht nur jeder Arzt, sondern auch Heilpraktiker jederzeit solche Injektionen durchführen dürfen.

Von dem Oberlandesgericht Düsseldorf (– I – 15 U 119/03 –) wurde 2003 ein entsprechender Rechtsstreit mit Infektion eines Kniegelenks mit Kunstgelenk nach Injektion durch Vergleich beschieden. Einem ehemaligen Leitenden Stadtrechtsdirektor, der sich in seiner Freizeit zum Heilpraktiker ausbilden ließ, wurden in beide Kniegelenke mehrfach im Laufe von zwei Tagen Injektionen gesetzt. Der Seminarleiter hatte verlangt, dass der Kläger auch seine Kniegelenke für Demonstrationsspritzen zur Verfügung stelle, und dabei versichert, dass seine künstlichen Kniegelenke dem nicht entgegenstünden. Verwendet wurde dabei eine 0,60×60 mm lange Kanüle. Es wurde nachweislich keine Hautdesinfektion durchgeführt und keine sonstigen vorbeschriebenen Vorsorgemaßnahmen gegen Infektion, wie z.B. sterile Handschuhe, verwendet. Wegen unmittelbar nach diesen Injektionen aufgetretener Sepsis mit nachfolgender Auswechselung der Knieprothese klagte der Heilpraktikerschüler gegen den Heilpraktikerverband.

Analog groteske Krankengeschichten bzw. Streitfälle begegnen Gutachtern leider immer wieder auch mit Ärzten als handelnden Personen. Dabei kommt es nicht selten vor, dass die „Behandlung" eines nicht erkannten Gelenkinfekts durch denselben Arzt oder durch nachbehandelnde andere Ärzte mit weiteren Injektionen erfolgt. Gravierende Gesundheitsschäden, gelegentlich sogar mit letalem Ausgang, treten im Regelfall erst auf, wenn eine Infektion nach Gelenkinjektion nicht bzw. zu spät erkannt und dann häufig leider auch nicht angemessen behandelt wird.

Verdacht auf Gelenkinfekt

Wenn nach einer Gelenkinjektion in dieser Region Schmerzen auftreten, muss dies für den behandelnden Arzt stets dringender Anlass für wiederholte, sorgfältige Untersuchung sein. Die Entzündungszeichen lokale Rötung, Überwärmung und Schwellung sowie Gelenkerguss sind verdächtige, aber noch nicht beweisende Symptome für das Vorliegen einer Infektion. Grundsätzlich sind täglich Kontrolle des Lokalbefunds, der Körpertemperatur, des Allgemeinbefindens und spezielle Laboruntersuchungen (BSG und CRP) unerlässlich.

Frühes Auftreten innerhalb von 12 Stunden nach dem Eingriff spricht bei normaler Körpertemperatur und nicht erhöhter CRP für einen lokalen Reizzustand. Solche stark schmerzhaften „Kristallsynovitiden" treten gelegentlich nach Injektion mit Cortisonzusatz auf. Auftreten der vorgenannten Krankheitszeichen im Zeitfenster zwischen 12 Stunden und fünf Tagen nach der Gelenkinjektion, Krankheitsgefühl, eventuell verbunden mit Fieber und Erhöhung der Laborparameter begründen einen dringenden Verdacht auf eine Gelenkinfektion.

1988 wurden von einer Expertengruppe, die von der orthopädischen wissenschaftlichen Gesellschaft (DGOT) und dem Berufsverband (BVO) berufen wurde, eine Empfehlung für das Vorgehen bei Gelenkinfektionen erarbeitet und im Deutschen Ärzteblatt unter dem Titel „Behandlungsstrategien bei Gelenkinfektion und nach intraartikulären Injektionen und Punktionen" veröffentlicht. Danach ist bei Verdacht auf einen Gelenkinfekt eine ambulant weitergeführte Behandlung zulässig, wenn folgende Maßnahmen möglich sind:

▪ Gelenkpunktion mit vollständiger Punktatuntersuchung und binnen zwei Tagen vorliegendem Ergebnis,
▪ Ruhigstellung des betroffenen Gelenks,
▪ tägliche Befundkontrolle.

Liegt schon bei der Erstbeurteilung ein dringender Verdacht auf Vorliegen einer Infektion vor oder geht die Symptomatik nicht innerhalb weniger Tage zurück, ist eine stationäre Einweisung notwendig.

Für den Behandlungserfolg ist die richtige Patientenführung in dieser Phase von entscheidender Bedeutung. Der behandelnde Arzt soll ohne Erörterung der Frage eines Verschuldens den Patienten offen über den begründeten Verdacht auf eine Gelenkinfektion und über die vorausgegangene Injektion als mögliche Ursache informieren. Denn Ursache für gerichtliche Auseinandersetzungen mit dem Vorwurf eines Behandlungsfehlers sind häufiger eine gestörte Vertrauensbeziehung zwischen Arzt und Patient als der unerwünschte medizinische Verlauf. Natürlich soll der einweisende Arzt auch seine Klinikkollegen umfassend über den vorausgegangenen Krankheitsverlauf unterrichten. Nach den zitierten Behandlungsempfehlungen ist nach stationärer Einweisung eine weitere konservative Behandlung nur zulässig, wenn

▪ die Gelenkinjektion weniger als drei Tage zurückliegt,
▪ das „Punktat nicht stark pathologisch war", d.h. keine Mikroorganismen und keine wesentliche Erhöhung der Leukozyten nachgewiesen wurden,
▪ der Patient sich in einem guten Allgemeinzustand befindet.

Es sind bei der konservativen stationären Behandlung dieselben Maßnahmen erforderlich, wie unter ambulanten Bedingungen bereits genannt, zusätzlich

▪ erneute laborchemische und ggf. auch radiologische Untersuchung,
▪ nötigenfalls (wiederholte) Gelenkpunktion,
▪ antibiotische Behandlung nach Materialentnahme zur mikrobiologischen Untersuchung. Grundsätzlich sollen Antibiotika als Kurzinfusion und nicht intraartikulär verabreicht werden.

Wenn die konservative Behandlung im Krankenhaus nicht binnen 3 Tagen überzeugend anspricht, ist eine operative Behandlung angezeigt. Dabei geht es nicht nur um die rasche Beherrschung der Infektion, sondern zugleich um den Erhalt der Gelenkfunktion. Stadienabhängig ist eine arthroskopische Spülung mit vollständigem Débridement besonders der eitrig-fibrinösen Beläge und antibiotische Therapie notwendig. Bei Abszessbildungen ist eine Arthrotomie mit Synovektomie oft nicht zu vermeiden. Eine zu späte chirurgische Intervention führt zu irreversibler Gelenkschädigung, bei einer Sepsis kann auch das Leben des Patienten gefährdet sein.

Schlichtungsstellen der Ärztekammern

Zum Zweck dieser Einrichtung steht im Statut der Landesärztekammer Baden-Württemberg:

„Die LÄK verfolgt mit der Einrichtung dieser Gutachterkommission das Ziel, durch objektive Begutachtung ärztlichen Handelns dem durch einen möglichen Behandlungsfehler in seiner Gesundheit Geschädigten die Durchsetzung begründeter Ansprüche und dem Arzt die Zurückweisung unbegründeter Vorwürfe zu erleichtern".

Insgesamt soll also das Arzt-Patienten-Verhältnis günstig beeinflusst werden. Gleich zu Gericht zu gehen und einen Haftpflichtprozess anzufangen, hat ja in der Tat erhebliche Hindernisse. Der Patient muss zunächst dem Rechtsanwalt Vorschuss leisten, und auch das Verfahren, das naturgemäß nicht ohne wenigstens einen Sachverständigen geführt wird, ist kostspielig. Demgegenüber ist das Verfahren vor der Gutachterkommission für die Beteiligten gebührenfrei. Doch auch für den Arzt ist es nicht angenehm, sogleich vor dem Zivilgericht oder auch in Form einer Strafanzeige vor der Staatsanwaltschaft mit dem Vorwurf eines Behandlungsfehlers überzogen zu werden.

Die Kommission besteht in Baden-Württemberg aus drei Mitgliedern, nämlich einem juristischen Vorsitzenden, der die Befähigung zum Richteramt haben muss, dann einem niedergelassenen Arzt mit langjähriger, breit gefächerter berufspraktischer Erfahrung und schließlich einem Arzt aus Klinik oder Praxis, der die gleiche Gebietsbezeichnung führt, wie der betroffene Arzt. Alle drei Mitglieder sind unabhängig und nicht an Weisungen gebunden.

Das Gutachten enthält einen Leitsatz mit der Aussage, ob die Kommission einen Behandlungsfehler feststellt oder nicht feststellt. Wird ein Behandlungsfehler bejaht, so geht es noch um die Frage eines dadurch verursachten Gesundheitsschadens. Denn nicht jeder Behandlungsfehler hat einen Gesundheitsschaden zur Folge.

Das einen Behandlungsfehler bejahende Gutachten der Kommission begründet keinen juristisch verbindlichen Schadensersatzanspruch, das verneinende Gutachten schließt einen Ersatzanspruch nicht aus.

In der Schlichtungsstelle der norddeutschen Ärztekammern wird eine zentrale Datei aufgebaut, an der in Zukunft alle Schlichtungsstellen in Deutschland beteiligt sein sollen. Von 1/2000 bis 6/2004 wurden dort 11 984 abgeschlossene Schlichtungsverfahren gesammelt, von denen 29% als anspruchsbegründend abgeschlossen wurden. Derselbe Prozentsatz findet sich bei 85 Verfahren, die wegen Infektionen nach Gelenkinjektionen durchgeführt wurden.

Aus der Statistik der Gutachterkommissionen der Landesärztekammer Baden-Württemberg für den Zeitraum 1994 bis 2001 wurden 126 Verfahren wegen Infektionen nach Gelenkinjektion notiert, von denen 22% als anspruchsbegründend abgeschlossen wurden. In beiden zitierten Statistiken sind in zwei Dritteln aller Fälle Orthopäden beteiligt, im Übrigen Chirurgen, Allgemeinärzte und verschiedene weiterer Fachgebiete.

In einer der beiden zitierten Statistiken (Infektionen nach Injektionen) wurde in fünf Verfahren kein Behandlungsfehler festgestellt, aber ein Aufklärungsfehler. In der großen Mehrheit der Fälle liegt das Schwergewicht dagegen bei einem behaupteten Behandlungsfehler. Nicht selten gehen die Angaben von Patient und Arzt auseinander, ohne dass mit hinreichender Sicherheit davon ausgegangen werden kann, dass mangelhaft aufgeklärt wurde. Denn die Kommission kann, anders als ein Gericht, keine eigentliche Beweisaufnahme unter strafbewehrter Wahrheitspflicht der Parteien durchführen. Nach der Rechtsprechung des BGH spielt doch – wie schon erwähnt – die mündliche Aufklärung die entscheidende Rolle. Gerade deren Inhalt kann aber die Kommission nicht feststellen. Ähnlich verhält es sich in vielen Fällen bei der Bewertung der hygienischen Maßnahmen, die im Zusammenhang mit einer Gelenkinjektion vom Arzt durchgeführt wurden. In keinem Fall ist dem Autor in seiner Eigenschaft als Gutachter vor Gericht oder als Mitglied der Gutachterkommission bekannt geworden, dass ein betroffener Arzt zu seiner Entlastung einen – vorgeschriebenen – Hygieneplan seiner Praxis vorgelegt hätte.

Feststellung eines ärztlichen Behandlungsfehlers

Der Arzt hat zusammengefasst zwei Pflichten: Er muss den Patienten nach den Regeln der ärztlichen Kunst behandeln und er muss zuvor mit ihm Einigkeit über das Vorgehen erzielen, das heißt im Rahmen der Aufklärung die erwarteten Vorteile und die möglichen Risiken darstellen. Verletzt er eine der beiden Pflichten, handelt er fehlerhaft, entweder falsch oder unerlaubt.

Schadenersatzpflichtig wird er dann gegenüber dem Patienten, wenn sich aus der fehlerhaften Behandlung ein Schaden für den Patienten ergibt. Beweispflichtig für die fehlerhafte Behandlung und den daraus entstandenen Schaden ist im Regelfall der Patient als Kläger. In bestimmten Situationen, etwa bei einem „groben Behandlungsfehler" – kommt es zur Beweislastumkehr. Dabei wird dem Arzt die Beweislast auferlegt, er hat dann die Richtigkeit seines Handelns zu belegen. Im Zivilverfahren finden eine rechtliche Würdigung nur die belastenden bzw. die entlastenden Argumente, die von beiden Parteien tatsächlich vorgebracht werden. Eine Sachaufklärung „von Amts wegen" durch das Gericht findet dort nicht statt.

Gezielte Hinweise auf Gerichtsentscheidungen werden in der Rechtsprechungsdatei der Versicherungswirtschaft gesammelt, sie finden sich auch gezielt für Injektionen und Punktionen [15].

Zusammenfassung

Die Komplikation nach intraartikulärer Injektion oder Gelenkpunktion mit der für Arzt und Patient höchsten Dramatik ist der Gelenkinfekt. Beide fühlen sich bedroht, der Patient von Schmerz und Krankheit, der Arzt vom Schuldvorwurf. Andererseits gehört die Gelenkinjektion – bei richtiger Indikation – zum unentbehrlichen Therapierepertoire für Orthopäden und Rheumatologen. Sie können die erlösende Befriedigung anhaltend schmerzender Gelenke, z.B. nach korrekter Cortisoninjektion zur Folge haben. Es wurden die Rahmenbedingungen für das Vorgehen in Anlehnung an die veröffentlichten Leitlinien und ebenso das Vorgehen bei Verdacht auf eine Komplikation, im Besonderen also auf den Gelenkinfekt, dargestellt. Diese Empfehlungen stellen das Gerüst für Entscheidungsträger, in erster Linie also für die Schlichtungsstellen der Ärztekammer und für Gerichte dar.

Literatur

1. Anders G (1984) Gelenkpunktionen und intraartikuläre Injektionen in ambulanten orthopädischen Einrichtungen. Beitr Orthop Traumatologie 31:419–425
2. AWMF online – Leitlinien der Deutschen Gesellschaft für Orthopädie und Traumatologie (DGOT) und des Bundesverbandes der Ärzte für Orthopädie (BVO). Empfehlungen des deutschsprachigen Arbeitskreises für Krankenhaushygiene: Intraartikuläre Punktionen und Injektionen, Stand 13.07.1998: AWMF@uni-duesseldorf.de
3. Bernau A (1984) Zur Frage der Patientenaufklärung in der orthopädischen Praxis. Orthop Praxis 20:163–165
4. Bernau A, Heeg P (1985) Aspekte der Infektionsprophylaxe bei der Vorbereitung intraartikulärer Injektionen und Punktionen. MedOrthopTechn 105:72–79
5. Bernau A, Köpcke W (1987) Feldstudie intraartikuläre Injektionen. Resultate-Praxis-Konsequenzen. Orthop Praxis 23:364–385
6. Bernau A, Rompe G, Rudolph H, Werner HP (1988) Intraartikuläre Injektionen und Punktionen. Dtsch Ärztebl 85:A-80-84
7. Bernau A, Heeg P, Rompe G, Rudolph H (1999) Intraartikuläre Punktionen und Injektionen. Dtsch Ärztebl 96:A 1905–1907

8. Bernau A, Heeg P (2001) Begutachtung von Gelenksinfektionen nach intraartikulären Injektionen. Med Sach 97/4:135–138
9. Bernau A, Heeg P (2003) Intraartikuläre Punktionen und Injektionen: Indikation – Infektionsprävention – Technik – Komplikation. Orthopäde 32:548–570
10. Deutsches Institut für Normung (2000) Medizinische Handschuhe zum einmaligen Gebrauch. DIN EN 455. Beuth, Berlin
11. Härle A et al (1987) Behandlungsstrategien bei Gelenkinfektionen nach intraartikulären Injektionen und Punktionen. Dtsch Ärztebl 84:B 1567–1571
12. Heeg P, Bernau A (1987) Experimentelle Untersuchungen zur Bedeutung von Gesichtsmasken bei Durchführung von Injektionen und Punktionen. Orthop Praxis 23:386–390
13. Jones A et al (1994) Importance of placement of intra-articular steroid injections. Brit Med J 307:1329-1330
14. Robert-Koch-Institut (1985) Anforderungen der Krankenhaushygiene bei Injektionen und Punktionen. Bundesgesundheitsblatt 28:186–187
15. Schneider A, Bierling G (2003) HuR, Hygiene und Recht, Exzerpte: Injektionen und Punktionen aus der Sicht der Rechtsprechung für die medizinische und rechtliche Praxis.mhp-Verlag, Wiesbaden
16. Seror P et al (1999) Frequency of sepsis after local corticosteroid injection. Rheumatology 38:1272–1274
17. Unfallverhütungsvorschrift Gesundheitsdienst (VBG 103) vom 01.10.1982, in der Fassung vom 01.01.1997. Heymanns, Köln

Diskussion

? Welche Befundkonstellation machen unverzügliche Klinikeinweisung und arthroskopischen Eingriff bei Verdacht auf Gelenkinfektion erforderlich?

Eine unverzügliche stationäre Einweisung ist notwendig, wenn die Konditionen für ambulante konservative Behandlung nicht erfüllt werden können:

- klinische, laborchemische und, soweit noch erforderlich, radiologische Untersuchung;
- tägliche Befundkontrolle;
- nötigenfalls (wiederholte) Gelenkpunktion;
- Entlastung und Ruhigstellung des Gelenks;
- antibiotische Therapie – nach kontaminationsfrei gewonnenem Gelenkpunktat zur mikrobiologischen Untersuchung – als Kurzinfusion, nicht intraartikulär.

Eine operative Behandlung mit dem Ziel der raschen Beherrschung der Infektion und Erhalt der Gelenkfunktion ist indiziert, wenn die konservative Behandlung nicht binnen drei Tagen überzeugend anspricht, und nicht erst dann, wenn sich der Allgemeinzustand des Patienten verschlechtert.

9 Arthroskopische Chirurgie – Goldstandard?

K.-A. Witt, J. Steinbeck

Einleitung

Die erste arthroskopische Untersuchung eines Kniegelenkpräparats wurde 1918 durch Professor Kenji Takagi in Japan vorgenommen. In den fünfziger Jahren entwickelte Dr. Masaki Watanabe das erste funktionelle Arthroskop, das Watanabe Nummer 21. Seit den siebziger Jahren gab es die ersten Operationskurse in den USA, die diese neue Technik der Arthroskopie vermittelten. 1974 wurde die erste Vereinigung, die „International Arthroscopy Association", gegründet und in den frühen achtziger Jahren das erste Journal, das sich der Arthroskopie widmete: Arthroscopy: The Journal of Arthroscopic and Related Surgery [9]. Seitdem hat sich die Arthroskopie als diagnostisches und therapeutisches Verfahren weit verbreitet.

Die Arthroskopie gilt im Vergleich zu offenen Operationstechniken allgemein als komplikationsarmes, schonendes Verfahren [14]. Das vorteilhafte, minimalinvasive Vorgehen ohne größere Verletzungen der umgebenden Weichteilstrukturen und die dadurch ermöglichte schnelle Rehabilitation hat zu einer schnellen Verbreitung der Arthroskopie und zum Ausdehnen des Indikationsspektrums geführt [8].

Für offene Operationsverfahren, z.B. am Kniegelenk, werden Komplikationsraten bis zu 14,6% angeben [17]. Für arthroskopische Operationen werden deutlich geringere Gesamtkomplikationsraten beschrieben sie werden mit 0,1–0,6% beziffert [4].

Die durchgeführten Eingriffe werden jedoch komplexer. Dies macht den Einsatz von zusätzlichem oft kompliziertem Instrumentarium und Implantaten notwendig und verlängert die Operationszeit.

1995 bzw. 1996 wurden in Deutschland insgesamt jeweils 550000 Arthroskopien durchgeführt. Davon entfallen 9% auf Revisionseingriffe [12]. Die Zahlen dürften bis heute deutlich zugenommen haben. In der Verteilung der arthroskopierten Gelenke dominiert das Kniegelenk (92%), gefolgt vom Schultergelenk (4,1%) und Sprunggelenk (1,7%). Die anderen Gelenke spielen nur eine untergeordnete Rolle [12].

Ob diese Verfahren tatsächlich so komplikationsarm sind, wie es durch die Operateure suggeriert wird, muss geprüft werden und es stellt sich die Frage, ob die Vorteile der Arthroskopie wirklich zu einer Verringerung der Komplikationsrate führen.

Komplikationen arthroskopischer Operationen

Die bisher größte Sammelstatistik legte Small 1988 zu diesem Thema vor [21]. Er berichtet über 10262 Arthroskopien, die von 21 erfahrenen Arthroskopeuren durchgeführt wurden. Dominant war das Kniegelenk mit 86% der Eingriffe. Die Komplikationsrate betrug 1,68%. Folgende Komplikationen wurden festgestellt: Hämarthros (60,1%), Infektion (12,1%), Thromboembolie (6,9%), Anästhesiekomplikationen (6,4%), Instrumentenfehler (2,9%), Reflexdystrophie (2,3%), Bandverletzung (1,2%), Nervenverletzungen und Frakturen (0,6%). Diese prospektive Studie zeigte eine höhere Komplikationsrate als die zuvor veröffentlichen retrospektiven Studien.

▪ Arthroskopische Kniegelenkoperationen

Im Jahr 2000 wurden in Deutschland 250000 Innenmeniskusläsionen operativ versorgt. Die partielle Meniskektomie stellte mit 70% das mit Abstand dominierende Verfahren dar. Eine subtotale Meniskusresektion erfolgte in 17%, die Meniskusglättung in 10% und eine totale Meniskektomie in weniger als 2% der Fälle. Die Anzahl der Innenmeniskusrefixationen wurde mit 3500 (<2%) angegeben [12].

Bei 6322 Knieglenkarthroskopien, durchgeführt an der Orthopädischen Universitätsklinik im St.-Josef-Hospital Bochum zwischen 1988 und 1993, betrug die Rate schwerer Komplikationen 1,25%. Synovektomien und laterales Release erwiesen sich als komplikationsträchtigste Operationen (Komplikationsrate >7%) [6].

Small berichtete 1990 in einer retrospektiven AANA-Sammelstudie über 3034 arthroskopische Meniskusoperationen mit einer Komplikationsrate von 2,5%. Davon waren 49% Nervenläsionen, 15% tiefe Infektionen, 4% Gefäßläsionen, 4% Phlebitiden und jeweils 1,3% fulminante Lungenembolien, Materialfehler oder Hautläsionen [22]. Damit war die Komplikationsrate ähnlich hoch wie die allgemeine Komplikationsrate arthroskopischer Eingriffe. In seiner Studie hatte die Refixierung des Meniskus eine etwas geringere Komplikationsrate als die partielle Resektion. Auch die Technik schien keine wesentliche Rolle zu spielen. Inside-out- und Outside-in-Techniken hatten die gleichen Komplikationsraten.

Aus der AANA-Studie von 1986 bis 1988 mit 10283 Arthroskopien geht hervor, dass der Eingriff mit der höchsten Komplikationsrate das laterale Release ist (7,1% Komplikationsrate). Dazu wurde im Vergleich bei Meniskusnähten eine Komplikationsrate von 1,2% festgestellt. 34% aller Komplikationen waren Thromboembolien [21].

Für die Infektionsrate werden sehr unterschiedliche Zahlen angegeben, die Angaben schwanken zwischen 0,01% [10] und 0,48% [13]. DeLee berichtet über 0,08% bei 100000 Fällen [4], Johnson über 0,04% bei 12505 [10] Fällen und D'Angelo über 0,23% bei 4000 Fällen [3]. Armstrong analysierte 4256 Kniegelenkarthroskopien mit einer Infektionsrate von 0,42%. Als Risikofaktoren konnte er intraartikuläre intraoperative Steroidgabe, verlängerte Operationszeit mit verschiedenen Operationsverfahren, Voroperationen und Knorpel- und/oder Weichteildébridement identifizieren [1].

Nerven- und Gefäßverletzungen werden nur selten beschrieben. Die 1986 vorgelegte Studie von Small über 375069 Arthroskopien gibt eine Inzidenz von 0,06% Nervenverletzungen an. Von diesen war in 42% der Fälle der N. saphenus, in 5% der N. peronaeus und in 3% der N. femoralis betroffen [20]. DeLee teilt mit 0,05% Nervenläsionen nach Kniegelenkarthroskopien eine ähnlich hohe Rate mit [4]. Über Gefäßverletzungen wird noch seltener berichtet, Small wies 12 Verletzungen der A. poplitea nach 395566 Arthroskopien nach [20]. Bei den komplexen Rekonstruktionsverfahren zeigt sich ebenfalls eine Anzahl von verfahrenseminenten Komplikationen, die zur Zeit noch nicht beziffert werden können.

Eine neue Quelle von Komplikationen ist der Einsatz von bioresorbierbaren Materialen. Es wird zunehmend über Probleme berichtet; dies reicht von Implantatbruch über Fehlplatzierung bis hin zu fehlerhafter Resorption der Implantate [18].

■ Arthroskopische Schultergelenkoperationen

Die Schulterarthroskopie hat als diagnostisches und therapeutisches Verfahren in den letzten 20 Jahren stark an Popularität gewonnen. Da die Verfahren komplizierter werden und viele offene Operationsarten nun arthroskopisch durchgeführt werden, ist mit einer erhöhten Komplikationsrate im Vergleich zu den Kniegelenkarthroskopien zu rechnen. Allein die verlängerte Operationszeit der komplexen Verfahren kann zu einer vermehrten Extravasation von Spülflüssigkeit und zu Läsionen am Plexus brachialis durch Zug führen. Aktuelle Berichte, insbesondere aus der anästhesiologischen Fachliteratur, beschreiben eine zunehmende Anzahl von Komplikationen, die mit Schultergelenkarthroskopien assoziiert sind.

Die Komplikationsrate der ersten Berichte über Schultergelenkarthroskopien ist erstaunlich gering. Small gibt eine Komplikationsrate für subakromiale Eingriffe von 0,76% und für vordere Stabilisierungsoperationen mit Dübeln mit 5,3% an [20]. Hier wurden klinische Fehler ausgeschlossen. Im weiteren Nachuntersuchungszeitraum der Studie bestätigte sich die Rate von 0,7% bei einem erfahrenen Arthroskopeur [21]. Eine spätere Arbeit fand eine Komplikationsrate von 6%. Die Komplikationsrate stieg von 4,5 auf 8%, wenn von einem arthroskopischen Verfahren auf ein offenes gewechselt wurde [2].

Weber et al. führten eine Metaanalyse, die 57 Artikel aus den Jahren 1990 bis 2001 auf ihre Komplikationsrate überprüfte, durch. Die Gesamtkomplikationsrate wurde mit 5,8–9,5% angegeben. Die Häufigkeit von Infektionen betrug zwischen 0,04 und 0,23%, die von Nervenläsionen 0–30% und die von Schultersteifen 2,7–15%. Berichte über Gefäß- und Sehnenverletzungen waren Einzelfälle [24]. Die Autoren weisen aber darauf hin, dass die Erhebung von Komplikation schwierig sei aufgrund einer nicht vollständigen und beschönigenden Dokumentation durch die Operateure. Es sei anzunehmen, dass gerade bei komplexen Eingriffen die Komplikationsrate höher läge als berichtet.

Neben den allgemeinen Komplikationen ist eine Vielzahl von verfahrensabhängigen Komplikation beschrieben. Für den häufigsten arthroskopischen Schultereingriff, die endoskopische subakromiale Dekompression, sind dies die falsche Indikation [16], die falsche Knochenresektion [25], die Ablösung des Deltoideus [7] und Rezidive durch Belassen des Lig. coracoacromiale. Entsprechend kommen verfahrensabhängige Komplikationen bei der arthroskopischen AC-Gelenkresektion vor. Zu nennen sind die heterotope Knochenneubildung, die Folgen einer inadäquaten Knochenresektion und eine postoperative AC-Gelenkinstabilität [15]. Weiter findet sich eine Vielzahl von verfahrensabhängigen Komplikationen bei den komplexeren Eingriffen wie der arthroskopischen Rotatorenmanschettennaht oder der arthroskopischen Schulterstabilisierung.

Eine gewissenhafte präoperative Planung und Kenntnis der allgemeinen und verfahrensspezifischen Komplikationen ist notwendig, um zu einem guten Ergebnis zu gelangen.

▪ Arthroskopische Ellenbogengelenkoperationen

Das Ellenbogengelenk gilt als das schwierigste zu arthroskopierende Gelenk. Das liegt zum einen an der engen kongruenten Gelenkform und zum anderen an der Nähe der nervalen Leitungbahnen zur Gelenkkapsel. Es werden multiple Zugänge benötigt, um einen ausreichenden Zugang zum Gelenk zu bekommen. Trotzdem sind die Literaturangaben über Komplikationen nach der Ellenbogengelenkarthroskopie selten, Berichte über permanente Nervenläsionen bleiben Fallberichte. Kelly et al. ermittelten in ihrer retrospektiven Studie nach 473 Ellenbogenarthroskopien für schwere Komplikationen eine Rate von 1% und für so genannte Minorkomplikationen von 11%. Hierbei handelte es sich um Portalinfektionen, geringgradige Kontrakturen und vorübergehende Nervenläsionen [11].

Einige arthroskopische Eingriffe am Ellenbogen haben eine höhere Komplikationsrate, wie z.B. Eingriffe an der Gelenkkapsel. Dazu gehören ferner die arthroskopische Radiusköpfchenresektion, das arthroskopische Kapselrelease und das posteromediale Débridement. Eine weitere risikoreiche Operation, besonderes bei Patienten mit rheumatoider Arthritis, da die Kapsel dünn und verletzlich ist, ist die arthroskopische Synovektomie.

■ Arthroskopische Sprunggelenkoperationen

Eine ähnliche Situation wie am Ellenbogen liegt auch am Sprunggelenk vor. Durch die Nähe der neurovaskulären Strukturen zur Gelenkkapsel ist das Risiko einer Komplikation entsprechend erhöht. Hauptkomplikationen sind Nervenläsionen, Sehnenverletzungen, Portal- und Gelenkinfektionen sowie Instrumentenbrüche. Unger et al. hatten 14 Komplikationen (16%) bei 111 Patienten zu beklagen. Sie sahen viermal eine verzögerte Wundheilung, zweimal eine oberflächige und dreimal eine tiefe Infektion. In drei Fällen trat ein Nervenschaden auf und zweimal musste eine Phlebothrombose behandelt werden [23]. In der Arbeit von Ferkel et al. wird die Rate an Nervenläsionen mit 9% beziffert [5]. Der Hauptanteil dieser Läsionen war vorübergehend und heilte innerhalb von 6 Monaten folgenlos aus.

Profunde Kenntnisse der Sprunggelenkanatomie, das Wissen über die Hauptkomplikationen, verbesserte Techniken und Instrumente können die Komplikationsrate senken.

Zusammenfassung

Die Arthroskopie und arthroskopische Chirurgie hat eine vergleichbare Komplikationsrate wie die der offenen Chirurgie. Dies sind im Wesentlichen nicht arthroskopieabhängige Komplikationen, sondern die allgemeinen Risiken jedes chirurgischen Eingriffes. Trotz verbesserter Ausbildung und zunehmender Maßnahmen zur Qualitätsicherung besteht eine Komplikationsrate, die es weiter zu senken gilt. Die Indikation sollte richtig gestellt und die Aufmerksamkeit auf die richtige Operationstechnik gerichtet sein. Des Weiteren muss eine sichere postoperative Versorgung der Patienten gewährleistet werden. Ein besonderes Augenmerk sollte auf die zunehmende Verwendung von bioresorbierbaren Implantaten gerichtet werden. Diese stellen eine neue Quelle von Komplikationen dar.

Literatur

1. Armstrong RW, Bolding F, Joseph R (1992) Septic arthritis following arthroscopy: clinical syndromes and analysis of risk factors. Arthroscopy 8(2):213–223
2. Curtis AS, Delpezio W, Ferkle RD (1992) Complications of shoulder arthroscopy. 59th Annual Meeting of the American Academy of Orthopedic Surgeons. Washington, February
3. D'Angelo GL, Ogilvie-Harris DJ (1988) Septic arthritis following arthroscopy with cost/benefit analysis of antibiotic prophylaxis. Arthroscopy 4:10–14
4. DeLee J (1985) Complications of arthroscopy and arthroscopic surgery: results of a national survey. Arthroscopy 1:214–220
5. Ferkel RD, Small HN, Gittins JE (2001) Complications in foot and ankle arthroscopy. Clin Orthop Relat Res 391:89–104

6. Grifka J, Knaup CH, Salewsky G (1995) Analysis of complications and strategies for reduction of complications in knee arthroscopy. Arthroskopie 8:105–110

7. Groh GI, Simoni M, Rolla P (1994) Loss of the deltoid after shoulder operations: an operative disaster. J Shoulder Elbow 3:243–254

8. Hamberg P, Gillquist J, Lysholm J, Oberg P (1983) The effect of diagnostic and operative arthroscopy and open meniscectomy on muscle strenght in the tigh. Am J Sports Med 11:289–292

9. Jackson RW (1983) Arthroscopic surgery. J Bone Joint Surg Am 65:416–420

10. Johnson L, Shneider DA, Austin MD, Goodman FG, Bullock JM, DeBruin JA (1982) Two per cent glutaraldehyde: a disinfectant in arthroscopy and arthroscopic surgery. J Bone Joint Surg Br 64:237–239

11. Kelly EW, Morrey BF, O'Driscoll SW (2001) Complications of elbow arthroscopy. J Bone Joint Surg 25–34

12. Krudwig WK (2000) Current situation of arthroscopy in Germany. Arthroskopie 13:191–193

13. McAllister DR, Parker RD, Cooper AE Recht MP, Abate J (1999) Outcomes of postoperative septic arthritis after anterior cruciate ligament reconstruction. Am J Sports Med 27:562–570

14. Northmore-Ball MD, Dandy DJ, Jackson RW (1983) Arthroscopic, open partial, and total meniscectomy: a comparative study. J Bone Joint Surg Br 65:400–404

15. Roberts RM, Tasto JP (1998) The effects of acromioclavicular joint stability after arthroscopic coplaning. Arthroscopy 14(2) Suppl 1:S12

16. Rogerson JS (2005) Acromioplasty: Routine reflex or reasoned approach. AAOS Specialty Day, AANA, Washingtion, DC

17. Sherman O, Fox JM, Snyder SJ, et al (1986) Arthroscopy-„no problem surgery": an analysis of complications in two thousand six hundred and forty cases. J Bone Joint Surg Br 68:256–265

18. Seil R, Rupp S, Dienst M, Mueller B, Bonkhoff H, Kohn DM (2000) Chondral lesions after arthroscopic meniscus repair using meniscus arrows. Arthroscopy 16(7):E17

19. Small NC (1986) Committe on Complications of the Arthroscopy Association of North America: Complcations in arthroscopy: the knee and other joints. Arthroscopy 2:253–258

20. Small N (1986) Complications in arthroscopy: the knee and other joints. Arthroscopy 2:253–258

21. Small NC (1988) Complications in arthroscopic surgery performed by experienced arthroscopist. Arthroscopy 4:215–221

22. Small NC (1990) Complications in arthroscopic meniscal surgery. Clin Sports Med 9(3):609–617

23. Unger F, Lajtai G, Ramadani F, Aitzetmuller G, Orthner F (2000) Arthroscopy of the upper ankle joint. A retrospective analysis of complications. 103(10):858–863

24. Weber SC, Abrams JS, Nottage WM (2002) Complications associated with arthroscopic shoulder surgery. Arthroscopy 18(2 Suppl 1):88–95

25. Wolf EM (1997) Causes of failed shoulder arthroscopy: a review of 35 cases. 16th annual meeting of the Arthroscopy Association of North America, San Diego

Diskussion

? Wann sehen Sie die Indikation zu arthroskopischen Maßnahmen bei Verdacht auf Gelenkinfekt (sei es nach intraartikulären Injektionen oder vorausgegangenem operativem Eingriff)?

Klinisch zeigt ein Gelenkinfekt leider nicht immer ein typisches Erscheinungsbild. Häufig geht ein Infekt einher mit einer schmerzhaften Bewegungseinschränkung des betroffenen Gelenks, verbunden mit einer periartikulären Rötung und Überwärmung. Zu beachten ist, dass diese Symptome auch unspezifisch oder bei anderen nichtinfektziösen Arthritiden auftreten können. Zum Beispiel können unter Antibiotikatherapie oder bei von immunsupprimierten Patienten die klinischen Symptome erst im fortgeschrittenen Stadium des Infekts zutage treten. Subfebrile oder febrile Temperaturen sind häufig, jedoch nicht immer nachzuweisen.

Die weitere diagnostische Abklärung ist dann entscheidend für die Indikation zur arthroskopischen Revision. Zunächst wird ein Routinelabor mit Bestimmung der Leukozytenzahl, des Differenzialblutbilds, BSG und des C-reaktiven Proteins durchgeführt, dann folgt ein Röntgenbild des betroffenen Gelenks. Entscheidend ist die Punktion des Gelenks bei der unter sterilen Kautelen Material zur mikrobiologischen Untersuchung gewonnen wird. Bei speziellen Indikationen können weitere diagnostische Verfahren wie MRT, CT oder Szintigraphie indiziert sein. Weiter können serologische Untersuchungen diagnostischen Aufschluss bezüglich anderer Arthritisformen, z. B. Borrelien, geben.

Die Indikation zur arthroskopischen Therapie bei Verdacht auf einen Infekt ist sehr eng zu stellen. Bereits bei geringem Verdacht und bei Zusammenschau der klinischen und laborchemischen Ergebnisse ist die Entscheidung schnell für den arthroskopischen Revisionseingriff zu treffen.

Für uns ist der Schlüssel zum Erfolg in der Behandlung von Gelenkinfekten die frühe Diagnose und die schnelle adäquate Behandlung.

10 Operative Risiken und Haftungsgefahren der Endoprothetik des Hüftgelenks

G. MÖLLENHOFF

Bei steigender Tendenz der Endoprothetik des Hüftgelenks von ca. 155 000 pro Jahr in Deutschland geht diese einher mit einer zunehmenden Anzahl von Haftungsprozessen. Begründet ist dies durch einen erhöhten Anspruch des Patienten an sein neues Hüftgelenk, präoperativ mangelnde Aufklärung des Patienten sowie intraoperative und postoperative Komplikationen.

Im Folgenden werden die wesentlichen Komplikationen und Gründe, häufig ein Haftungsverfahren auslösen, dargestellt.

Zuerst ist auf die Operationsindikation zu bedenken. Die gute Indikation ist wichtiger als die gute Operation, sodass präoperativ eine sichere Diagnosestellung erfolgen sollte. Degenerative Veränderungen der Lendenwirbelsäule sowie des Iliosakralgelenks als Schmerzursache sollten ausgeschlossen sein und die Koxarthrose sollte sowohl klinisch als auch radiologisch gesichert sein, damit der Chirurg, wenn es zu einer postoperativen Komplikation kommt, nicht in Beweisnot kommt. Eine präoperative Begleiterkrankung und Risikofaktoren sollten berücksichtigt werden. Perka stellte in seiner Studie an 628 Patienten fest, dass allein 67,3% kardiovaskuläre Erkrankungen und 14,2% Erkrankungen des Gefäßsystems aufwiesen [12]. Diese hohe Anzahl an Erkrankungen der Arterien und Venen muss berücksichtig werden, da eine gute Durchblutung des Beins Voraussetzung für eine endoprothetische Versorgung des Hüftgelenks ist. Ein präoperativer Gefäßstatus mit Dokumentation ist somit zum Ausschluss späterer Haftungsverfahren unabdingbar. Kardiovaskuläre Erkrankungen sollten durch eine präoperative Diagnostik und Behandlung ausgeschlossen werden.

Spezifische und allgemeine Komplikationen

Betrachtet man generell Operationsindikation und Komplikationen der Endoprothetik, kann man zwischen spezifischen und allgemeinen unterscheiden. Neben der Fehlimplantation und Luxation zeigen sich gehäuft periprothetische Frakturen sowie postoperativ auftretende Wundheilungsstörungen in der Früh- und Spätphase, des Weiteren besteht beim Hüftgelenk die Gefahr der heterotopen Ossifikation, von Gefäß- und Nervenläsionen, Thrombosen, Embolien sowie einer unterschiedlichen Beinlänge postoperativ. Im Folgenden werden die einzelnen Komplikationen und Risiken der Hüftendoprothetik vorgestellt.

▪ Hüftluxation

Das traumatischste Ereignis für den Patienten selbst ist eine postoperativ auftretende Luxation. Varley konnte eine Abhängigkeit von der Zugangsart sowie von der Art der Prothese nachweisen [17].

Bei der Totalendoprothese wie bei der Hemiendoprothese liegt die Luxationsrate beim ventralen Zugang bei 2,1%. Beim dorsalen Zugang zeigt sich ein deutlicher Anstieg der Luxation bei der Totalendoprothese auf 6,1%, während sie bei der Hemiendoprothese mit 2,9% vergleichbar ist mit dem ventralen Zugang.

Aufgrund dieser Publikation von 4160 Patienten empfiehlt Varley für die Totalendoprothese den ventralen Zugang [17]. Nur 22,3% der Patienten, die eine einmalige Luxation hatten, zeigten im weiteren Verlauf eine Luxationstendenz mit rezidivierenden Hüftgelenkverrenkungen. Die einmalige Luxation wird nur anfänglich ruhiggestellt, danach erfolgt ein intensives krankengymnastisches Übungsprogramm, ggf. wird eine Orthese angelegt. Bei rezidivierenden Luxationen ist ein operativer Eingriff nach CT-Diagnostik unumgänglich. Präoperativ sollte genau festgestellt werden, ob die Rotation des Schafts oder Inversion- und Anteversion der Pfanne korrekt sind.

▪ Beinlängendifferenz

Der nächste wesentliche Punkt, der zur Einleitung eines Arzthaftungsverfahrens führt, ist eine Beinlängendifferenz postoperativ. Hier konnte Amstutz darlegen, dass in 15% aller orthopädischen Arzthaftungsverfahren in den USA aufgrund von Beinlängendifferenzen erfolgten [1].

Die kritische Größe der Beinlängendifferenz ist ein Unterschied von mehr als 1 cm, da die Patienten diesen nicht mehr durch eine Erhöhung im Schuh selbst ausgleichen können und jeder Schuh eine äußere Erhöhung braucht. Neben dem kosmetischen Aspekt ist hierbei der wirtschaftliche nicht unerheblich. Während Beinlängendifferenzen bei Revisionseingriffen von den Patienten eher toleriert werden, weil sie die Komplexität des Eingriffs ahnen können, ist dieser bei einer Primärversorgung des Hüftgelenks ein nicht unerhebliches Problem und stößt auf wenig Toleranz von Seiten des Patienten.

In der deutschen Rechtsprechung gibt es für die Beinlängendifferenz keine einheitliche Vorgabe, dennoch wurden Behandlungsfehler ab einer Beinlängendifferenz von 2,5 cm von mehreren Oberlandesgerichten Deutschlands als Behandlungsfehler anerkannt. Dabei erweist es sich als überlegt und hilfreich, wenn eine präoperative Planung mit Prothesenzeichnung und eine eigenständige Dokumentation durch den Operateur bzw. eine nachgewiesene intraoperative Beinlängenkontrolle im Vergleich zur Gegenseite im Operationsbericht oder in den Krankenunterlagen als Dokument vorliegt.

Intraoperative Komplikationen

▪ Introperative Frakturen

Bei den intraoperativen Komplikationen sieht der Chirurg als erstes eine intraoperative Fraktur, die vor allem bei der zementfreien Endoprothetik entstehen kann. Großzügiges Aufbohren und Raspeln und der bestmögliche Press-fit führen zu dieser intraoperativen Komplikation, die besonders den Schaft betrifft. Begünstigende Faktoren sind die Osteoporose, eine Osteomalazie sowie ein Morbus Paget und die rheumatoide Arthritis. Die allgemeine Inzidenz wird mit 0,1–1% angegeben [16]. Bei zementfreier Endoprothetik steigt sie auf 3–17% [6]. Selten kann es auch zu einer Pfannendachsprengung aufgrund einer zementfreien Hüftgelenkpfanne kommen, die Inzidenz hierfür wird mit 0,1% angegeben [3].

Bei Revisionseingriffen kann aufgrund einer verminderten Knochenqualität und -quantität und Osteolysezonen, nach durchgeführter Entfernung von Zementresten und Prothesenanteilen die iatrogene Verletzung des Knochens auf über 6% ansteigen [4]. Als Prävention wird eine genaue Operationsplanung und Vorbereitung der Auswahl der Prothese mit der richtigen Größe angesehen, des Weiteren sollte die Operationstechnik nach Qualität entsprechend angepasst werden. Als Prophylaxe im Revisionsbereich werden von einigen Autoren auch prophylaktisch angelegte intraoperative Cerclagen empfohlen.

▪ Intraoperative Gefäßläsion

Eine weitere intraoperative Komplikation stellt die Gefäßläsion dar. Die Inzidenz für die iatrogene Verletzung von Gefäßen wird mit 0,3% bei 2334 Patienten angegeben [15]. Ursachen hierfür sind eine direkte Verletzung durch Op-Instrumente wie Hohmann-Hebel, eine Läsion bei Lagerung, ein Hitzeschaden durch Knochenzement oder eine Kompression durch eine Protrusion der Pfanne. Die beiden hauptgefährdeten Gefäße im Bereich des Hüftgelenks sind die A. femoralis communis sowie die A. profunda femoris. Gerade die A. femoralis communis wird gefährdet durch das nicht ausreichend gesicherte Setzen eines Hohmann-Hebels. Dieser Hohmann-Hebel ist notwendig, um bei einem ventrolateralen Zugang eine genaue Inspektion der Pfanne vornehmen zu können. Die unmittelbare Nähe der anatomischen Strukturen der A. femoralis communis sowie des N. femoralis führen zur Gefahr des direkten Traumas durch den Hohmann-Hebel. Sollte es zu einem Gefäßschaden kommen, ist eine sofortige intraoperative Revision der A. femoralis anzustreben. Bei der Durchsicht der Literatur zeigt sich aber meistens ein verzögerter und sekundärer Gefäßschaden aufgrund einer Kontusion der Gefäßintima. Eine postoperative Kontrolle der Fußpulse und der Durchblutung des Beins mit unmittelbarer postoperativer Dokumentation ist unverzichtbar, da erst hierdurch der sekundäre Schaden abgewendet werden kann. Die lokale Ischämie wird selbst bei rückenmarknahen Anästhesien vom Patienten nicht bemerkt, sodass erst durch eine genaue Untersuchung postoperativ ein intraoperativ entstandener Gefäßschaden sichtbar wird.

Zusammenfassend lässt sich sagen, dass nicht der intraoperativ entstandene Gefäßschaden als Behandlungsfehler zu werten ist, da die Patienten darüber meistens ausdrücklich aufgeklärt werden, sondern eher die mangelnde postoperative Dokumentation und die daraus entstehende Komplikation für den Patienten.

▪ Intraoperativ entstandener Nervenschaden

Der intraoperativ entstandene Nervenschaden betrifft vor allem den N. femoralis und den N. ischiadicus. Der N. femoralis ist gefährdet durch seine Nähe zum ventralen Pfannendach und der N. ischiadicus durch seine unmittelbare Nähe zu dorsalen Abschnitten der Gelenkpfanne. Beide Nervenschäden entstehen meist durch direkten Druck, durch intraoperativ eingebrachte Hebel oder Retraktoren. Die Inzidenz wird mit 0,5% bei der primären Hüftendoprothetik angegeben, 25% dieser auftretenden Nervenschäden weisen im weiteren Verlauf eine Remission auf, der Nervenschaden selbst wird erst postoperativ durch den neurologischen Ausfall bemerkt [13]. Eine sofortige chirurgische Intervention ist nicht nötig. Anhand der Messung der Nervenleitgeschwindigkeit kann die Höhe eines Nervenschadens genau auf seiner Höhe bestimmt und auch sein Ausmaß abgeschätzt werden.

Früh- und Spätinfekt

Neben den intraoperativ auftretenden Komplikationen zeigt sich im postoperativen Bereich als häufigste Komplikation außer der oben aufgeführten Hüftgelenkluxation ein postoperativ entstehender Früh- und Spätinfekt nach durchgeführter Endoprothetik. Die Inzidenz hierfür wird in der Literatur mit 1–3% aller Fälle angegeben [2, 9, 11, 14]. Die Interventionsrate beträgt 5,1% aufgrund von operativen Revisionen von Hämatom, Serom und Infekten.

Nach durchgeführter erster Sanierung erleiden 13% dieser Patienten eine Reinfektion. Der Frühinfekt oder drohende Infekt wird sichtbar durch eine lokale Rötung oder Überwärmung, anhaltende, neu aufgetretene Schmerzen oder ein Anhalten der Sekretion aus der Wunde, des Weiteren entwickelt der Patient gespannte Weichteile, eine CRP-Erhöhung, Leukozytose und ggf. Temperaturerhöhung. In der Frühphase kann auch durch eine Ultraschalluntersuchung ein potentiell infiziertes organisiertes Hämatom zur Darstellung kommen. Die Sekundärinfektion ist gekennzeichnet durch eine intermittierende Beschwerdefreiheit neu auftretende Ruhe- und Belastungsschmerzen sowie lokale Infektionszeichen im Bereich des Hüftgelenks. Das Röntgenbild kann eine septische Lockerung im Bereich von Zementanteilen bzw. Knochenanteilen aufweisen. Beweisend ist aber der direkte Erregernachweis durch Punktion oder ggf. durch eine nachfolgend durchgeführte Revision. Der Keimnachweis ist aber nur in 40–60% aller Fälle durch eine intensivierte Suche mit Gewebeprobenentnahmen sowie Abkratzpräparaten, Biofilm und Verlängerung der Bebrütungsdauer möglich. Bei 11% der TEP-Wechsel zeigt sich ein unvermuteter Infekt, sodass eine intraoperative Abstrichentnahme bei jedem TEP-Wechsel zu fordern ist [8, 10].

Als Prophylaxe wird eine weichteilschonende operative Technik, die parenterale Gabe eines Breitbandantibiotikums in Form eines „single-shot" oder eine 24-Stunden-Prophylaxe und bei nachgewiesenem Infekt die systematische Antibiotikaprophylaxe nach Sensibilisierungstestung und Gewebegängigkeit gefordert.

Als Therapieoption des nachgewiesenen Infekts ist der einzeitige oder zweizeitige Wechsel des Hüftgelenks etabliert [7]. In Abhängigkeit vom Erregerspektrum wird von einigen Autoren ein sekundäres Vorgehen bei temporären Girdlestone-Situationen bevorzugt [13].

Heterotope Ossifikation

Nach Eingartner wird die heterotope Ossifikation des Hüftgelenks nach durchgeführter endoprothetischer Versorgung nach den Brooker-Stadien I bis IV eingeteilt [5]. Die Inzidenz liegt bei Brooker-Stadium I und II bei 10,4%, für das Brooker-Stadium-III 6,2% und im Brooker-Stadium-IV treten 2,1% der Fälle auf. Die Entstehungsursache der heterotopen Ossifikation ist z. Z. noch nicht sicher geklärt, in der Ätiologie werden aber verschiedene Faktoren vermutet. Neben der operativen traumatischen Eröffnung des Schafts mit Versprengung von spongiösen Knochen im Bereich der Muskulatur wird auch eine genetische Disposition angegeben.

Die Inzidenz bei vorliegender heterotoper Ossifikation des Hüftgelenksersatzes auf der einen Seite, beträgt für die noch zu operierende Seite 30%, sodass eine unmittelbare, postoperative Strahlentherapie angezeigt ist.

Zusammenfassung

Zusammenfassend lässt sich sagen, dass es Komplikationen in der Hüftendoprothetik auch in Zukunft immer geben wird. Nur durch eine genaue Dokumentation, präoperative Aufklärung und Diagnostik sowie sorgfältige weichteilschonende Operationsverfahren kann die Anzahl der Komplikationen gesenkt werden.

Kommt es dennoch zu einer postoperativen Komplikation, wird er bei dokumentierter, sorgfältiger Behandlung des Patienten nie in Beweisnot seines operativen Handelns kommen.

Literatur

1. Amstutz HC (1998) Direct treatment of arthroplasty. An average – ten year – follow up. J Bone Joint Surg (Am) 961–968
2. Atkins BL (1998) The diagnosis of large joint infection after replacement. J Hosp Infect (Engl) 40:263–274
3. Breitenseher MJ (2002) Diagnostic imaging in hip prosthesis. Radiologe 42:474–479
4. Christensen CM (1985) Management of intraoperative femur fractures associated with revision hip arthroplasty. Clin Orthop 248:177–181
5. Eingartner C (2000) Results of an uncemented straight femoral shaft prosthesis. J Arthroplasty 15:440–447
6. Fitzgerald RH (1999) Complications after hip surgery. J Bone J Surg 81:616–623
7. Huenger F (2005) Evaluation of postdischarge surveillance of surgical infections after hip and knee arthroplasty. Am J Infect Control 33:455–463
8. Jakob RP (2000) The Bruch-Schneider antiprotrusio cage in acetabular revision surgery. J Arthroplasty 15:959–963
9. Nelson CL (1993) Therapy in infected total hip and knee-arthroplasty. Clin Orthop 295:96–101
10. Neut D (2001) Biomaterial-associated infection of gentamicin-loaded PMMA-beads in orthopaedics revision surgery. J Antimicrob – Chemotherapy 47:885–891
11. Moore JE (2002) Infection after hip replacement. J Clin Microbiology 40:3117–3126
12. Perka C (2004) Factors, influency perioperative morbidity and mortality in primary hip arthroplasty. Orthopäde 714–720
13. Petty W (1991) Total Joint Replacement. Saunders Company
14. Phillips JE (2006) The incidence of deep prosthetic infection in a specialist orthopaedic hospital. J Bone Joint Surg (Br) 88:943–948
15. Stoney RJ (2004) Acute arterial complications associated with total hip and knee arthroplasty. J Vasc Surg 39:361–362
16. Van Flandern (2005) Periprosthetic fractures in total hip arthroplasty. Orthopaedics 28:1089–1095
17. Varley J, Parker MJ (2004) Stability of hip hemiarthroplasties. Int Orthop 28:274–277

Diskussion

? Wann erachten Sie bei Verdacht auf Infekt oder instabile Hüfte nach TEP einen Revisionseingriff für erforderlich.

Man muss einen Früh- und einen Spätinfekt unterscheiden. Beim Frühinfekt ist nach nachgewiesenem Infekt und klinischen Entzündungszeichen eine Revision unumgänglich. Hierbei kann zuerst eine offene Revision ohne Ausbau angestrebt werden; Polyäthylenteile sollten ausgetauscht werden; es sollten ein ausgiebiges Débridement und Jet-Lavage erfolgen.

Postoperativ sollte erneut ein Abstrich genommen werden. Sollte dieser nach der durchgeführten Revision positiv sein und der Patient klinisch eine weiter bestehende Entzündung aufweisen, ist nochmals eine Revision indiziert.

Ergibt auch diese zweite Revision keine Verbesserung des Befunds, ist ein Ausbau unumgänglich. Dabei sollte der Patient weiterhin mit einer Girdlestone behandelt werden und sekundär ein erneuter Einbau angestrebt werden.

Bei einem Spätinfekt ist bei klinischen Entzündungszeichen und positivem Abstrichergebnis die Revision unumgänglich, zumal ein schleichender Infekt auch zu einer Lockerung der Prothesenanteile führt und davon auszugehen ist, dass die gesamten Prothesenanteile sekundär kontaminiert sind. Eine alleinige Revision des Weichteilmantels und des Polyäthylens wird im weiteren Verlauf keine Besserung bringen, sodass der Ausbau für den Patienten das Beste ist.

Bei einer instabilen Hüfte im Sinn einer Luxation tolerieren wir die einmalige Luxation, die durch eine sofortige Reposition behandelt wird. Eine Ruhigstellung mittels Knüppelgips halten wir für nicht indiziert; wir empfehlen die intensive krankengymnastische Übungstherapie, vor allem isometrische Übungen zur Stärkung der Hüftmuskulatur.

Kommt es dann zu einem erneuten Luxationsereignis, ist eine operative Intervention nötig. Dabei führen wir zuerst eine CT-Untersuchung des Hüftgelenks durch, um die Rotation des Schafts und die Anteversion der Pfanne zu kontrollieren. Werte außerhalb der Norm müssen anschließend durch den operativen Eingriff korrigiert werden, wobei zuerst eine Pfannenkorrektur angestrebt werden sollte, weil diese Korrektur weniger aufwendig ist als eine Schaftkorrektur, wie z. B. bei einem zementierten Schaft.

Sollte sich im CT keine wesentliche Veränderung von Rotation oder Anteversion der Pfanne ergeben, ist ggf. nur die Verlängerung durch einen größeren Kopf anzustreben, der Patient wird darüber, bei der präoperativen Vorbereitung aufgeklärt.

Sachverzeichnis

A

Arzthaftpflichtbegutachtung 36
Arzthaftpflichtprozess 32, 33
Arzthaftungsprozess 1
Aspekte, beweisrechtliche, Kompart-
  mentsyndrom 39
Aufklärung 3, 83
– therapeutische 3
– – Eingriffsaufklärung 4
– – Risikoaufklärung 4
– wirtschaftliche 3
Aufklärungspflicht 26, 41

B

Befangenheit 16
– Befangenheitsgründe 16
Behandlungsfehler 2, 21, 40, 99
– Kahnbeinfraktur 40
Beinlängendifferenz 110

D

Diskographien 72, 81, 82
Dissektionskrankheit 63
Dokumentation 2, 11, 26, 35

E

Eingriffsaufklärung 4
Endoprothetik, Komplikationen,
  Hüftluxationen 110
Ermessensspielraum 10

F

Facettengelenkinfiltrationen 70, 78
Fehldiagnose 51
– Weichteilhämatom 51

Fehlerquellen 55
Fehlinterpretation 51

G

Gelenkinfekt 96
Gelenkinjektion 92
Gelenkpunktion 95
Gutachterkommission 14, 98

H

Haftpflichtversicherung 9, 10, 11, 13,
  16, 17, 18
– Gutachterkommission 14
– Wochenfrist 13

I

Injektionen
– dorsale epidurale 71
– epidurale 80
– epidural-perineurale 71, 81
Injektionstypen 70
Innenmeniskusläsionen 103
ISG-Infiltrationen 71, 79

K

Kahnbeinfraktur 40
Kniegelenkoperationen, arthroskopische,
  Innenmeniskusläsionen 103
Kompartmentsyndrom 39
Kontrastmittel 73
Körperverletzung 93
Kunstfehler 34

L

Lokalanästhetika 72

M

Mach-Effekt 54
Manipulationsbehandlung 65
Medizin, manuelle 59, 60
– – Manipulation 59
– – Dissektionskrankheit 63

N

Nervenschaden 112
Nervenwurzelblockaden 71, 79

O

Ossifikation, heterotope 113

P

Patientenaufklärung, Gelenkinjektion 92
Patientenschutzgesetz 17

R

Radiusköpfchen, Fraktur 50
Risikoaufklärung 4, 67
Röntgendiagnostik, Mach-Effekt 54
Rotatorenmanschette 49

S

Schiedsstelle 14
Schlichtungsstelle 98
Steroide 73
Strafrechtsschutzversicherung 18

T

TPV-Injektionen 70, 77
– epidurale Injektionen 80
– epidural-perineurale Injektionen 71, 81
– Facettengelenkinfiltrationen 70, 78
– ISG-Infiltrationen 71, 79
– Nervenwurzelblockaden 71, 79
Triggerpunkt-Injektionen 72, 82
– Lokalanästhetika 72

U

Übernahmeverschulden 42

W

Weichteilhämatom 51
Wochenfrist 13